DISCLAIMER

The author and publisher are providing this book and its contents on an "as is" basis and make no representations or warranties of any kind with respect to this book or its contents. The author and publisher disclaim all such representations and warranties, including but not limited to warranties of merchantability. In addition, the author and publisher do not represent or warrant that the information accessible via this book is accurate, complete, or current.

Except as specifically stated in this book, neither the author nor publisher, nor any authors, contributors, or other representatives will be liable for damages arising out of or in connection with the use of this book. This is a comprehensive limitation of liability that applies to all damages of any kind, including (without limitation) compensatory; direct, indirect, or consequential damages; loss of data, income, or profit; loss of or damage to property; and claims of third parties.

This Book Comes With Free Bonus Puzzles
Available Here:

BestActivityBooks.com/WSBONUS20

5 TIPS TO START!

1) HOW TO SOLVE

The Puzzles are in a Classic Format:

- Words are hidden without breaks (no spaces, dashes, ...)
- Orientation: Forward & Backward, Up & Down or in Diagonal (can be in both directions)
- Words can overlap or cross each other

2) ACTIVE LEARNING

To encourage learning actively, a space is provided next to each word to write down the translation. The **DICTIONARY** allows you to verify and expand your knowledge. You can look up and write down each translation, find the words in the Puzzle then add them to your vocabulary!

3) TAG YOUR WORDS

Have you tried using a tag system? For example, you could mark the words which have been difficult to find with a cross, the ones you loved with a star, new words with a triangle, rare words with a diamond and so on...

4) ORGANIZE YOUR LEARNING

We also offer a convenient **NOTEBOOK** at the end of this edition. Whether on vacation, travelling or at home, you can easily organize your new knowledge without needing a second notebook!

5) FINISHED?

Go to the bonus section: **MONSTER CHALLENGE** to find a free game offered at the end of this edition!

Want more fun and learning activities? It's **Fast and Simple!**
An entire Game Book Collection just **one click away!**

Find your next challenge at:

BestActivityBooks.com/MyNextWordSearch

Ready, Set... Go!

Did you know there are around 7,000 different languages in the world? Words are precious.

We love languages and have been working hard to make the highest quality books for you. Our ingredients?

A selection of indispensable learning themes, three big slices of fun, then we add a spoonful of difficult words and a pinch of rare ones. We serve them up with care and a maximum of delight so you can solve the best word games and have fun learning!

Your feedback is essential. You can be an active participant in the success of this book by leaving us a review. Tell us what you liked most in this edition!

Here is a short link which will take you to your order page.

BestBooksActivity.com/Review50

Thanks for your help and enjoy the Game!

Linguas Classics Team

1 - Antiques

```
É O L G O P S B K T S M N X V W
K R Á R A C T Z V O K U V G H R
Z O M T É L J Z N O B K N C F R
C B G É U G É D V S A L D F L O
I O H N K X I R M Ű V É S Z E T
B Z N G B Z I O I D S K G D É Ú
J S U L Í T S K R A V W D E V B
H E L Y R E Á L L Í T Á S K T M
Z J R B E R U H Á Z Á S N O I I
Y N X D H I T E L E S É Á R Z N
I N D A L E T L H L F R G A E Ő
É K S Z E R E K C U H E E T D S
V P Y Á U L F P T I B V L Í E É
Z L L Z D Z M N L U F R E V K G
F U O S O H Y S N X D Á F Y P Z
S Z O K A T L A N Y M U Z R V I
```

MŰVÉSZET
ÁRVERÉS
HITELES
SZÁZAD
ÉRMÉK
ÉVTIZEDEK
DEKORATÍV
ELEGÁNS
BÚTOR
GALÉRIA

BERUHÁZÁS
ÉKSZEREK
RÉGI
ÁR
MINŐSÉG
HELYREÁLLÍTÁS
SZOBOR
STÍLUS
ELADNI
SZOKATLAN

2 - Food #1

```
V  K  C  A  R  A  B  A  G  R  Á  S  C  D  L  F
D  H  G  B  G  B  X  M  Y  K  J  W  U  T  V  Ö
L  E  V  E  S  O  U  Y  Ü  B  S  M  F  H  S  L
W  V  X  V  J  X  S  G  M  F  D  V  L  V  V  D
T  Ó  N  E  P  S  Ó  A  Ö  O  F  A  H  É  J  I
C  E  T  R  Ö  K  S  H  L  K  R  U  F  L  H  M
F  U  J  W  R  L  O  D  C  H  J  T  W  M  H  O
E  J  K  O  W  I  I  O  S  A  J  N  I  I  B  G
H  A  M  O  J  C  F  K  L  G  E  E  F  C  E  Y
É  B  O  S  R  Y  U  S  É  Y  Y  G  Á  U  P  O
R  N  F  A  R  S  V  H  A  M  W  N  R  B  E  R
R  L  S  L  A  H  N  O  T  A  M  P  P  E  R  Ó
É  A  E  Á  M  O  K  I  L  A  S  Z  A  B  K  S
P  S  F  T  B  C  O  L  K  A  F  A  B  J  N  K
A  F  A  A  G  X  Z  S  Á  R  G  A  R  É  P  A
I  O  N  C  L  M  P  D  A  R  L  J  F  V  X  T
```

SÁRGABARACK	FÖLDIMOGYORÓ
ÁRPA	KÖRTE
BAZSALIKOM	SALÁTA
SÁRGARÉPA	SÓ
FAHÉJ	LEVES
FOKHAGYMA	SPENÓT
GYÜMÖLCSLÉ	EPER
CITROM	CUKOR
TEJ	TONHAL
HAGYMA	FEHÉRRÉPA

3 - Measurements

```
L O K P Y A A T G D T I I J P K
D W M V O O F M F O K O Z A T I
J R R F M Y J H M O S J W D E L
N N C B E N J N B A X X P J F O
T J R Á K I N B T Ő R É M J X M
P K G J M É L Y S É G G T M L É
E O J T R X G C D Z S S O H D T
G Á S S A G A M T C T J N L U E
H R C E N T I M É T E R N Z I R
Z Ü A R L M C L X G R V A S D K
W T V M R S N T I Z E D E S N X
U P A E M D U N Y U T O P Z R U
P E R C L L K F K V I K I N I U
R X J O O Y L Ú S L L R N J W S
K Z H V L L K T Ö M E G T Y V M
G C X S Z É L E S S É G D N T H
```

BÁJT	HOSSZ
CENTIMÉTER	LITER
TIZEDES	TÖMEG
FOKOZAT	MÉRŐ
MÉLYSÉG	PERC
GRAMM	UNCIA
MAGASSÁG	PINT
HÜVELYK	TONNA
KILOGRAMM	SÚLY
KILOMÉTER	SZÉLESSÉG

4 - Farm #2

```
G Y Ü M Ö L C S M N C N D I S S
C P L Á M A D Z A G G B Ú Z A Z
Z Á É L E L M I S Z E R L H G É
M S B W T É R P C I E A F N T L
C Z I N R P A J T A Á T Z N D M
T T R P A D B Z H O M R J U H A
Z O K S K B Á R Á N Y P P E D L
Y R M S T N Ö V É N Y I W A S O
U Y A K O T A L L Á L R T Z C M
P Ö S Y R K U K O R I C A T V D
L K N N X Z T I O F E Z M H D X
D A N T B D C X F D W O G B W T
M C V S Ö S C L Ö M Ü Y G G K K
H S I H T Z G D S Z A E K X M F
S A H B N E É I R R N U F N Y S
Y I O A X Y J S N R N A K U E A
```

ÁLLATOK	LÁMA
ÁRPA	RÉT
PAJTA	TEJ
KUKORICA	GYÜMÖLCSÖS
KACSA	JUH
GAZDA	PÁSZTOR
ÉLELMISZER	TRAKTOR
GYÜMÖLCS	NÖVÉNYI
ÖNTÖZÉS	BÚZA
BÁRÁNY	SZÉLMALOM

5 - Books

```
G  W  Y  I  C  G  V  C  V  N  D  J  Y  Y  T  I
R  Y  N  O  K  É  L  Á  L  A  T  J  L  L  Ö  R
E  A  Ű  E  R  W  O  T  W  E  Z  R  M  Y  R  O
G  Í  T  J  O  R  W  N  E  D  O  W  A  V  T  D
É  R  Y  R  T  E  Z  S  É  T  L  Ö  K  E  É  A
N  O  H  R  Á  E  P  M  I  F  D  G  T  R  N  L
Y  T  U  D  R  S  M  I  O  B  H  O  R  S  E  M
X  T  Y  T  R  Z  C  É  K  R  L  L  A  W  T  I
N  F  K  R  A  E  W  F  N  U  Z  V  G  H  Y  H
L  I  A  É  N  R  O  K  I  Y  S  A  I  T  R  Z
K  I  C  F  K  Z  O  L  D  A  L  S  K  S  S  Z
Z  A  R  Á  Y  Ő  F  T  X  A  G  Ó  U  V  T  M
M  M  L  S  U  T  X  E  T  N  O  K  S  L  C  D
B  H  N  A  I  D  E  V  O  N  A  T  K  O  Z  Ó
I  M  L  E  N  É  T  R  Ö  T  H  A  G  T  L  N
U  D  T  E  E  D  B  K  E  T  T  Ő  S  S  É  G
```

KALAND	NARRÁTOR
SZERZŐ	REGÉNY
GYŰJTEMÉNY	OLDAL
KONTEXTUS	VERS
KETTŐSSÉG	KÖLTÉSZET
EPIKUS	OLVASÓ
TÖRTÉNELMI	IDE VONATKOZÓ
TRÉFÁS	TÖRTÉNET
TALÁLÉKONY	TRAGIKUS
IRODALMI	ÍROTT

6 - Meditation

```
D  N  E  S  C  P  S  É  B  R  E  N  K  T  D  M
Y  B  G  K  S  B  É  K  E  K  P  Z  E  E  N  O
G  F  Y  E  I  W  O  O  I  U  D  X  D  R  A  Z
G  J  Ü  M  L  T  E  L  M  E  K  A  V  M  U  G
Z  V  T  L  Á  F  K  U  L  K  E  V  E  É  V  Á
F  X  T  E  T  L  O  V  W  U  S  Í  S  S  I  S
P  C  É  Z  N  P  S  G  C  E  B  T  S  Z  L  E
G  X  R  R  E  L  Á  Z  A  I  B  K  É  E  Á  I
A  A  Z  É  M  É  K  M  E  D  U  E  G  T  G  E
B  P  É  V  F  G  O  L  O  N  Á  P  S  D  O  O
P  V  S  R  U  Z  Z  G  L  O  E  S  A  O  S  L
I  P  K  O  L  É  S  N  V  H  H  R  L  G  S  E
S  L  C  Z  E  S  C  S  H  B  P  E  O  U  Á  F
V  B  L  O  H  Á  L  A  H  P  H  P  D  Y  G  E
U  F  E  W  D  M  K  O  T  A  L  O  D  N  O  G
N  N  W  S  E  T  A  N  U  L  N  I  E  N  A  O
```

ELFOGADÁS	MENTÁLIS
ÉBREN	ELME
LÉGZÉS	MOZGÁS
NYUGODT	ZENE
VILÁGOSSÁG	TERMÉSZET
EGYÜTTÉRZÉS	BÉKE
ÉRZELMEK	PERSPEKTÍVA
HÁLA	CSEND
SZOKÁSOK	GONDOLATOK
KEDVESSÉG	TANULNI

7 - Days and Months

```
N H T R W A O D Y M A Y N J A S
J O C N T D O Y O T K P A P U B
Ú J V K A F A M Á V C L P Y G V
L T R E B M E T P E Z S T M U L
I I G T M H K B R H P K Á R S R
U M I N O B É F I É A D R E Z S
S I A É Z V E T L T N D F X T H
R F I P S Y L R I F Ó H E G U C
V A S Á R N A P S Ő H H B Y S S
É R V J A N U Á R U O F R T C Ü
Y Y A M K E D D E I I V U U U T
J X T I B R T Y B G H C Á T D Ö
S H K T B T A H Ó J M J R A P R
G N S C R A Z Z T W O G H Á Y T
R N N Y B K B S K M C V A Z M Ö
P C G N M Y A T O Z S O H F K K
```

ÁPRILIS	NOVEMBER
AUGUSZTUS	OKTÓBER
NAPTÁR	SZOMBAT
FEBRUÁR	SZEPTEMBER
PÉNTEK	VASÁRNAP
JANUÁR	CSÜTÖRTÖK
JÚLIUS	KEDD
MÁRCIUS	SZERDA
HÉTFŐ	HÉT
HÓNAP	ÉV

8 - Energy

```
F O T O N I N O P M N S A I I S
X E Y B M W P D Í Z E L Z D X Z
T N H X O L X A C O C K H É H E
Ü R X R U N M F R K V B Ő T L N
A Z U M E G Ú J U L Ó B V H I N
K Ő E W I N T A C G S D I K S Y
K G E M A D D H H M B W T H I E
U K L M A L T V L B M O T O R Z
M Ö E N I N O R T K E L E T Á É
U R K N P É Y O V L E Z H U E S
L N T G Ó Z P A K K F L N R L V
Á Y R O R S N M G P G Y I B K Z
T E O T T H I D R O G É N I U K
O Z M H N D H D N U F D V N N V
R E O E E G A R Y N G Y Y A L V
P T S R Y B E N Z I N U B O S A
```

AKKUMULÁTOR	HIDROGÉN
SZÉN	IPAR
DÍZEL	MOTOR
ELEKTROMOS	NUKLEÁRIS
ELEKTRON	FOTON
ENTRÓPIA	SZENNYEZÉS
KÖRNYEZET	MEGÚJULÓ
ÜZEMANYAG	GŐZ
BENZIN	TURBINA
HŐ	SZÉL

9 - Chess

```
G  B  W  O  L  I  B  E  C  I  X  T  E  G  K  K
Y  S  Ó  L  T  Á  E  T  E  K  E  F  N  K  I  I
N  S  Z  P  G  S  W  D  O  H  I  T  O  U  R  H
E  D  Z  A  X  K  T  C  F  R  K  E  D  V  Á  Í
S  O  K  O  B  A  L  M  Y  É  N  U  K  C  L  V
R  T  P  E  F  Á  A  H  X  H  T  A  O  N  Y  Á
E  W  R  T  A  N  L  Z  O  E  X  Z  T  A  N  S
V  L  S  A  X  R  Y  Y  K  F  K  I  D  Ő  Ő  O
Í  M  N  Z  T  K  F  L  O  H  X  O  U  A  B  K
Z  L  S  O  K  É  T  Á  J  K  O  N  J  A  B  J
S  T  G  D  U  T  G  R  W  K  G  P  U  H  F  P
S  S  P  L  C  Á  V  I  N  L  U  N  A  T  M  O
A  O  S  Á  F  J  L  K  A  U  F  J  P  S  D  N
P  K  E  L  L  E  N  F  É  L  V  S  Y  H  J  T
J  E  S  A  J  C  J  V  L  E  G  Z  S  V  D  O
S  A  H  T  H  L  N  O  B  G  X  H  Y  W  N  K
```

FEKETE	JÁTÉKOS
KIHÍVÁSOK	PONTOK
BAJNOK	KIRÁLYNŐ
OKOS	SZABÁLYOK
VERSENY	ÁLDOZAT
ÁTLÓS	STRATÉGIA
JÁTÉK	IDŐ
KIRÁLY	TANULNI
ELLENFÉL	TORNA
PASSZÍV	FEHÉR

10 - Archeology

```
K  D  Z  T  W  U  U  A  M  C  N  T  F  R  I  Y
E  U  Y  D  Ö  D  Y  G  M  X  U  N  C  E  S  K
L  Y  T  J  Z  R  C  S  O  N  T  O  K  J  M  J
F  L  J  A  R  E  E  M  W  O  O  G  H  T  E  L
E  W  G  O  T  T  R  D  B  G  J  V  M  É  R  M
L  K  S  S  X  Ó  Í  E  É  F  P  I  K  L  E  L
E  Y  P  D  Y  P  S  D  K  K  J  U  O  Y  T  J
J  L  U  A  R  R  N  Z  G  L  E  E  M  Y  L  S
T  É  R  T  É  K  E  L  É  S  Y  K  U  U  E  Z
E  P  S  A  R  V  M  O  L  P  M  E  T  P  N  A
T  Y  C  P  P  I  Z  A  H  M  E  Ó  K  O  R  K
T  V  Y  A  K  O  R  S  Z  A  K  U  E  D  U  É
X  M  U  S  I  L  I  Z  S  S  O  F  J  C  T  R
N  B  F  C  S  E  L  E  M  Z  É  S  B  J  V  T
J  H  D  N  Ő  A  G  X  X  L  B  N  O  Y  G  Ő
L  E  S  Z  Á  R  M  A  Z  O  T  T  R  K  N  G
```

ELEMZÉS	TÖREDÉKEK
ŐSI	REJTÉLY
ÓKOR	OBJEKTUMOK
CSONTOK	EREKLYE
LESZÁRMAZOTT	KUTATÓ
KORSZAK	CSAPAT
ÉRTÉKELÉS	TEMPLOM
SZAKÉRTŐ	SÍR
ELFELEJTETT	ISMERETLEN
FOSSZILIS	

11 - Food #2

```
J  S  G  O  M  B  A  Z  Ú  B  J  D  N  C  C  P
H  F  O  B  R  O  K  K  O  L  I  I  Á  S  S  A
A  X  Z  N  A  L  M  A  T  O  J  Á  S  I  O  R
E  I  V  I  K  L  U  S  R  X  Z  Y  Z  R  K  A
A  R  E  L  Ó  A  H  P  U  G  N  L  I  K  O  D
R  W  M  P  S  A  S  B  H  C  J  R  L  E  L  I
B  I  H  V  C  T  A  E  G  D  B  R  D  T  Á  C
A  C  Z  W  I  Z  J  H  O  C  H  B  A  L  D  S
N  T  W  S  T  F  T  A  J  R  J  B  P  M  É  O
Á  I  H  W  R  C  S  E  R  E  S  Z  N  Y  E  M
N  F  E  K  A  R  O  A  Ő  L  Ő  Z  S  W  R  H
B  Z  K  O  L  H  H  H  A  L  T  P  O  C  E  P
Z  O  R  B  J  N  O  D  D  E  C  R  B  X  P  U
K  S  E  L  K  W  W  V  F  Z  S  Y  U  E  B  X
J  E  U  A  A  I  T  U  D  D  J  F  E  X  J  U
J  Y  O  F  K  L  U  X  I  C  H  C  C  R  G  J
```

ALMA	PADLIZSÁN
ARTICSÓKA	HAL
BANÁN	SZŐLŐ
BROKKOLI	SONKA
ZELLER	KIVI
SAJT	GOMBA
CSERESZNYE	RIZS
CSIRKE	PARADICSOM
CSOKOLÁDÉ	BÚZA
TOJÁS	JOGHURT

12 - Chemistry

```
M  I  Z  N  E  L  E  K  T  R  O  N  O  I  H  Ő
S  O  G  Ú  L  B  C  H  O  X  I  G  É  N  S  I
A  C  L  S  Z  E  R  V  E  S  C  N  G  É  S  W
L  W  T  E  L  K  É  S  R  É  M  Ő  H  G  H  C
K  Y  E  U  K  C  V  E  S  Ú  L  Y  K  O  A  R
B  L  N  S  T  U  M  J  M  U  R  Z  O  R  G  D
X  T  Ó  I  T  W  L  S  Z  É  N  V  X  D  L  I
T  O  S  R  T  L  W  A  Y  A  H  R  M  I  O  I
V  B  H  Á  S  A  V  A  F  M  Z  Y  A  H  W  M
A  V  Y  E  G  D  S  T  T  O  U  C  W  V  A  V
I  E  K  L  P  M  R  O  B  G  L  T  Y  W  F  L
K  I  J  K  R  U  R  M  J  V  Z  Y  H  B  M  Y
W  A  O  U  U  M  L  I  X  T  P  Z  A  G  Á  Z
Y  N  U  N  T  K  E  A  U  Y  R  V  V  D  C  Y
K  V  L  D  T  U  I  G  E  K  A  M  C  V  É  F
K  A  T  A  L  I  Z  Á  T  O  R  M  U  L  D  K
```

SAV	HIDROGÉN
LÚGOS	ION
ATOMI	FOLYADÉK
SZÉN	MOLEKULA
KATALIZÁTOR	NUKLEÁRIS
KLÓR	SZERVES
ELEKTRON	OXIGÉN
ENZIM	SÓ
GÁZ	HŐMÉRSÉKLET
HŐ	SÚLY

13 - Music

```
Z G O Z K E K L E K T I K U S G
D E T H F Ö Z B S É G H A B G V
G K F R E M L D J L N G O E X E
C W P J U Y F T C S I E N E Z O
X A R E P O D S Ő J I O K L L U
B L É N E K E L U I A T J E F L
R B H A R M O N I K U S N T S A
I U V P O K Ó R U S Z E N É S Z
T M K L A S S Z I K U S O V U H
M A L L A D L Í R A I F F L M A
I D D C D L G S D X E S O E T R
K O F A V A S V V S U H R F I M
U É F S L E C C G A T J K O R Ó
S N O N Z L U K Y A E K I A F N
W E O H O K A C P I V P M F R I
V K T Z Z Y E B W O D Y M A Z A
```

ALBUM	ZENEI
BALLADA	ZENÉSZ
KÓRUS	OPERA
KLASSZIKUS	KÖLTŐI
EKLEKTIKUS	FELVÉTEL
HARMONIKUS	RITMUS
HARMÓNIA	RITMIKUS
LÍRAI	ÉNEKEL
DALLAM	ÉNEKES
MIKROFON	ÉNEK

14 - Family

```
C S H U I U D U J Y Z M L U D L
E U H I N É N R E W M Z F N R Á
E M P B D O D O A N Y A V O B N
V H T Z F Y K A K C K T P K F Y
T E S T V É R A R A X X L A S A
U N O K Á J A C É C Ö O P H Z G
R P W H K Y G T V R A C I Ú W Y
K U V J S E D A T O P T S G I E
X F A B M N W A S K A V C L G R
K S É G Y E R M E K I N Á N É M
E O S R L Y T X T E O A B Ő S E
W Y Z N J F R O A M Y G Y L E K
H R V Z M I E L K R T Y G B L E
A P A H H V H U O E O A A X E K
A N Y A I F P I N Y C P N B F D
Z G R O X H A J U G Y A G R E L
```

ŐS	NAGYAPA
NÉNI	UNOKÁJA
TESTVÉR	FÉRJ
GYERMEK	ANYAI
GYERMEKKOR	ANYA
GYERMEKEK	UNOKAÖCS
UNOKATESTVÉR	UNOKAHÚG
LÁNYA	APAI
APA	NAGYBÁCSI
UNOKA	FELESÉG

15 - Farm #1

```
F V T O K Z A M D B I G H L Y P
I S A V E U W O F X F T R V K M
M Ő I M S S V C I C L V D B S E
T Z D P U T S J J T I V W B K Z
S E K S C E K O G A M G U Ö Y Ő
Z M H J R F L L E F S P W L G G
A B B É B O R J Ú J R A V É U A
M R W A N É Z S T K K R E N Z Z
Á M É Z V W T E K R I S C Y N D
R P R G Í T S S G V Á D J Y U A
N S V N Z Y X É V A T G X F M S
M A C S K A Y T U K U V Y X É Á
R I Z S V L F Í T F B L O A H G
R L S Y D F Ó R T V U Z K H T S
O E X S K R R E W Y Z C Y E N R
V X U Z N O C K B W I V V I K I
```

MEZŐGAZDASÁG	KERÍTÉS
MÉH	TRÁGYA
BÖLÉNY	MEZŐ
BORJÚ	KECSKE
MACSKA	SZÉNA
CSIRKE	MÉZ
TEHÉN	LÓ
VARJÚ	RIZS
KUTYA	MAGOK
SZAMÁR	VÍZ

16 - Camping

```
N P U P W S Y Z S C F D L C W G
G H N L Y H Á Ű T Y N Á R I H S
Ő S E I D K Y T Y P J X H T Ó L
D R K Ö T É L B O A U S U H A Y
R N U K Z E P I P R G J Z E S A
E O F D H S O W U F H X K W V K
D P V M D T M Ó K A H E K I E M
G D N A L A K Y Y G Á Ő G G Ü F
E L F D R Z O T P Y V P C Y N M
L O K L H S T T E R M É S Z E T
F H A K M Á A M W W C K W Y H W
X X U A X D L F I Z R R I N U Y
F A J B T A L P X B K É S J F K
D L E I O V Á M G L V T H K Á T
I S Y N L M U V J S I X G R K B
G W N T I A O S B K A L A P V S
```

KALAND
ÁLLATOK
KABIN
KENU
IRÁNYTŰ
TŰZ
ERDŐ
MÓKA
FÜGGŐÁGY
KALAP

VADÁSZAT
ROVAR
TÓ
TÉRKÉP
HOLD
HEGY
TERMÉSZET
KÖTÉL
SÁTOR
FÁK

17 - Algebra

```
E  V  K  L  I  N  E  Á  R  I  S  H  G  M  C  F
G  É  X  I  R  T  Á  M  A  R  G  A  I  D  H  R
Y  G  K  G  V  W  V  Z  V  U  B  N  G  T  Y  U
E  T  E  I  Y  O  T  É  N  Y  E  Z  Ő  C  N  J
N  E  G  V  T  L  N  Z  Á  R  Ó  J  E  L  D  B
L  L  Y  Á  M  E  E  Á  I  M  E  X  U  U  D  L
E  E  S  L  S  T  V  L  S  Á  D  L  O  G  E  M
T  N  Z  T  G  C  P  Ő  O  V  T  G  P  M  H  Á
N  F  E  O  K  N  U  L  L  A  Ö  R  X  R  A  Z
N  J  R  Z  E  É  G  D  I  H  R  A  J  B  M  S
E  G  Ű  Ó  I  U  P  H  T  C  E  F  N  T  I  T
A  T  S  T  Z  H  H  L  N  R  D  I  C  S  S  R
L  A  Í  V  X  N  P  U  E  C  É  K  K  P  T  C
N  H  T  T  N  R  V  E  B  T  K  O  K  N  B  I
I  K  É  P  R  O  B  L  É  M  A  N  K  I  L  C
W  E  S  K  I  E  G  É  S  Z  Í  T  É  S  R  P
```

KIEGÉSZÍTÉS	LINEÁRIS
DIAGRAM	MÁTRIX
EGYENLET	SZÁM
KITEVŐ	ZÁRÓJEL
TÉNYEZŐ	PROBLÉMA
HAMIS	EGYSZERŰSÍTÉS
KÉPLET	MEGOLDÁS
TÖREDÉK	KIVONÁS
GRAFIKON	VÁLTOZÓ
VÉGTELEN	NULLA

18 - Numbers

```
T  É  H  T  S  Z  P  F  P  O  I  T  E  Y  K  T
A  I  H  G  I  I  G  I  Z  A  D  X  O  M  C  I
H  Y  Z  W  D  Z  O  I  F  O  C  S  I  V  B  Z
J  G  M  E  C  G  E  H  Ú  S  Z  W  L  E  U  E
X  T  O  P  N  B  B  D  T  H  B  R  C  K  T  N
M  I  R  I  E  K  B  T  E  I  U  X  L  N  F  K
H  Z  Á  W  L  W  E  N  M  S  Z  H  O  F  N  I
N  E  H  H  I  C  Ö  T  Ő  V  S  E  Y  A  K  L
N  N  N  U  K  F  T  I  T  Y  I  K  N  N  X  E
Y  H  E  G  Y  G  É  N  T  Ő  X  J  N  Ö  O  N
O  A  Z  Y  B  H  V  U  E  D  H  K  E  I  T  C
L  T  I  P  L  E  O  H  K  O  Á  X  Z  L  I  N
C  U  T  É  H  N  E  Z  I  T  R  T  I  T  Í  Z
T  I  Z  E  N  N  É  G  Y  D  O  F  T  G  X  K
A  O  O  O  R  E  E  R  C  I  M  E  C  V  J  B
W  B  K  R  B  K  B  R  A  A  O  O  E  L  W  P
```

TIZEDES	HÉT
NYOLC	TIZENHÉT
TIZENNYOLC	HAT
TIZENÖT	TIZENHAT
ÖT	TÍZ
NÉGY	TIZENHÁROM
TIZENNÉGY	HÁROM
KILENC	TIZENKETTŐ
TIZENKILENC	HÚSZ
EGY	KETTŐ

19 - Spices

```
G  G  Ö  R  Ö  G  S  Z  É  N  A  C  X  R  F  K
E  Y  V  W  Y  D  R  K  M  U  L  U  A  R  A  A
Z  N  Ö  Y  T  J  H  É  O  Ű  M  R  W  J  H  R
S  Á  D  M  J  B  F  D  J  R  Ó  R  B  R  É  D
Ű  R  C  W  B  S  N  E  I  E  I  Y  W  D  J  A
F  F  G  R  V  É  J  S  Ó  S  D  A  M  L  W  M
G  Á  H  E  X  Z  R  K  V  E  N  M  N  F  M  O
E  S  A  Y  H  N  C  Ö  A  K  E  Y  R  D  M  M
Z  M  G  O  C  C  V  M  N  H  S  G  I  K  E  D
S  Y  Y  A  V  J  S  É  Í  A  C  A  L  U  Z  R
Á  C  M  X  W  M  J  N  L  O  E  H  D  G  W  P
C  N  A  B  P  P  D  Y  I  F  R  K  E  S  Y  O
A  K  I  R  P  A  P  P  A  A  E  O  S  N  F  D
C  B  B  Z  H  B  Z  O  H  T  Z  F  Z  M  T  T
F  B  D  Í  S  E  D  É  H  E  S  C  X  B  V  G
F  N  S  R  K  N  K  Ö  M  É  N  Y  E  L  B  R
```

ÁNIZS	ÍZ
KESERŰ	FOKHAGYMA
KARDAMOM	GYÖMBÉR
FAHÉJ	SZERECSENDIÓ
SZEGFŰSZEG	HAGYMA
KORIANDER	PAPRIKA
KÖMÉNY	SÁFRÁNY
CURRY	SÓ
ÉDESKÖMÉNY	ÉDES
GÖRÖGSZÉNA	VANÍLIA

20 - Universe

```
T A Z S Á G A L L I S C G D L F
S Á G C P R O E Z K R N J C D É
Ö B V W O H J M O T K V B O R L
T X N C M R L Y F N U X Y P K T
É N W U S N A P F O R D U L Ó E
T A A Y U Ő Y U U Z K L C C T K
S P X C K D L E U I L O S N A E
É L B C I K Á R S R I H I V H A
G S M B M H P Z I O B C L L T B
F H U X Z F G M D H I Á L F Á U
R A D I O R E T Z S A L A N L X
Ö Y O C K C C T Z H V L G I O L
K Z S Z É L E S S É G A Á N M X
G A L A X I S É B A O T S A Y I
É E B Z D É G U G J F Ö Z P V A
L W Y C E I C F W I F V S Z V Y
```

ASZTEROIDA
CSILLAGÁSZ
CSILLAGÁSZAT
LÉGKÖR
ÉGI
KOZMIKUS
SÖTÉTSÉG
EON
GALAXIS
FÉLTEKE

HORIZONT
SZÉLESSÉG
HOLD
PÁLYA
ÉG
NAP
NAPFORDULÓ
TÁVCSŐ
LÁTHATÓ
ÁLLATÖV

21 - Mammals

```
X  S  H  N  T  P  L  D  B  M  J  H  S  W  Z  R
L  V  Ó  Y  K  S  R  E  X  V  A  U  S  B  E  I
B  A  D  Ú  O  T  J  L  H  U  L  J  U  S  B  H
N  Á  U  L  O  N  K  F  G  B  L  L  O  D  R  V
M  V  L  I  F  Á  R  I  S  Z  I  Ó  P  M  A  A
Y  T  B  N  Z  F  G  N  U  H  R  F  R  H  G  W
I  A  N  Z  A  E  K  I  A  D  O  C  E  E  E  O
Z  B  G  M  Y  L  E  R  M  H  G  T  F  R  U  G
J  U  V  E  T  E  N  C  T  H  O  O  G  I  N  U
G  C  C  D  U  U  G  C  H  B  I  K  X  E  T  A
C  K  Z  V  K  B  U  H  R  Z  A  A  Y  R  H  G
U  O  X  E  G  G  R  D  M  P  X  K  K  T  U  O
J  I  Y  H  R  K  U  D  F  V  V  S  R  I  I  A
O  R  O  S  Z  L  Á  N  Y  U  J  C  Ó  X  B  H
P  V  K  W  C  L  F  U  K  F  S  A  K  R  A  F
P  R  É  R  I  F  A  R  K  A  S  M  A  N  J  L
```

MEDVE	GORILLA
HÓD	LÓ
BIKA	KENGURU
MACSKA	OROSZLÁN
PRÉRIFARKAS	MAJOM
KUTYA	NYÚL
DELFIN	JUH
ELEFÁNT	BÁLNA
RÓKA	FARKAS
ZSIRÁF	ZEBRA

22 - Fishing

```
B  R  G  G  Y  C  V  J  T  T  W  Y  I  G  N  N
E  T  X  D  S  D  M  O  P  J  N  N  Z  V  H  H
U  Z  O  S  T  R  A  N  D  C  T  D  C  Y  A  T
K  L  V  P  Ó  E  F  O  F  N  P  Ú  I  C  M  U
O  B  J  E  R  V  Z  U  Z  P  U  K  L  U  P  M
S  G  U  Z  D  H  Ó  J  A  H  P  R  A  Z  Í  V
Á  B  R  O  C  S  C  Á  K  A  Z  S  S  L  Á  X
R  L  A  X  M  W  E  N  Z  A  G  O  C  V  T  S
M  É  R  L  E  G  Á  F  J  R  Z  S  L  L  Ü  V
K  Z  Y  K  O  Y  N  O  Z  S  U  S  T  O  R  C
K  O  P  O  L  T  Y  Ú  K  F  G  C  V  W  E  V
A  R  E  V  P  N  U  H  O  R  O  G  I  É  L  H
T  X  S  Á  L  L  K  A  P  O  C  S  W  P  E  E
T  H  Ú  F  E  L  S  Z  E  R  E  L  É  S  M  Y
T  Ó  L  F  N  V  B  K  M  H  E  I  X  X  X  E
T  Ó  Y  L  O  F  P  N  I  B  G  E  O  G  S  M
```

CSALI	ÁLLKAPOCS
KOSÁR	TÓ
STRAND	ÓCEÁN
HAJÓ	TÜRELEM
SZAKÁCS	FOLYÓ
FELSZERELÉS	MÉRLEG
TÚLZÁS	ÉVSZAK
USZONYOK	VÍZ
KOPOLTYÚK	SÚLY
HOROG	DRÓT

23 - Restaurant #1

```
P  S  Ú  H  K  M  H  T  W  M  V  D  E  K  E  J
É  Z  A  F  L  E  I  Á  W  D  X  E  K  Á  V  É
N  Ó  C  B  J  A  N  L  C  R  V  S  R  I  É  P
Z  S  X  X  A  W  L  Y  G  J  M  S  I  F  L  A
T  Z  W  I  R  U  Z  L  É  K  E  Z  S  X  E  T
Á  B  H  N  O  L  U  Z  E  R  N  E  C  D  L  M
R  É  Y  N  Á  T  W  L  G  R  Ü  R  U  Z  M  I
O  I  S  E  V  O  U  Y  T  I  G  T  C  N  I  D
S  W  L  Z  M  Ő  N  R  É  C  N  I  P  L  S  X
E  Y  D  L  A  D  F  X  O  I  A  F  A  K  Z  C
A  G  T  D  G  L  F  Ű  S  Z  E  R  E  S  E  E
C  P  N  L  K  Ő  V  E  T  E  Z  S  S  Ö  R  U
U  H  Y  R  W  L  S  É  K  O  N  Y  H  A  Y  V
P  X  R  A  S  D  C  K  T  R  P  G  P  P  F  B
V  U  O  Y  M  S  V  É  C  A  U  C  F  O  N  H
A  D  D  S  H  T  N  S  F  O  G  L  A  L  Á  S
```

ALLERGIA	KÉS
TÁL	HÚS
KENYÉR	MENÜ
PÉNZTÁROS	SZALVÉTA
CSIRKE	TÁNYÉR
KÁVÉ	FOGLALÁS
DESSZERT	SZÓSZ
ÉLELMISZER	FŰSZERES
ÖSSZETEVŐK	ENNI
KONYHA	PINCÉRNŐ

24 - Bees

```
K  X  F  L  R  Z  M  J  S  É  L  Ő  H  E  L  Y
N  E  I  Ü  D  I  T  U  U  R  S  C  R  N  B  M
J  A  R  O  S  Ö  Y  N  Ő  L  E  R  B  K  E  D
É  M  W  T  T  T  M  L  M  T  J  A  C  E  P  W
L  É  U  F  T  N  G  Y  L  E  S  V  I  T  O  K
E  T  H  U  E  C  V  I  R  Á  G  O  K  T  R  A
L  Z  T  A  P  Z  O  K  Z  V  I  R  Á  G  Z  P
M  S  J  C  M  M  H  F  I  V  F  W  U  T  Ó  T
I  I  H  K  N  S  P  K  X  J  L  C  O  D  P  Á
S  Z  V  G  E  E  M  W  Y  N  A  S  O  G  G  R
Z  S  H  X  L  Y  F  E  Y  B  M  K  L  W  E  W
E  O  D  H  L  M  N  Z  I  F  E  C  B  X  N  Y
R  K  E  S  O  K  F  É  L  E  S  É  G  Z  A  I
F  Ö  L  R  P  A  N  M  V  L  S  G  X  D  N  E
G  Y  Ü  M  Ö  L  C  S  H  Ö  V  I  A  S  Z  R
K  I  R  Á  L  Y  N  Ő  O  I  N  H  O  K  Y  E
```

ELŐNYÖS	MÉZ
VIRÁG	ROVAR
SOKFÉLESÉG	NÖVÉNYEK
ÖKOSZISZTÉMA	POLLEN
VIRÁGOK	BEPORZÓ
ÉLELMISZER	KIRÁLYNŐ
GYÜMÖLCS	FÜST
KERT	NAP
ÉLŐHELY	RAJ
KAPTÁR	VIASZ

25 - Adventure

```
M K G K E S É L Y O Z R L Ú M M
B O W V O Z U M Ö R Ö F E T F X
N E H É Z S É G E J P B H V U E
A J K I U C Á V I G K S H O U G
L Ó I C Á G I V A N L I E N S Á
L E Y T C J F B Í U Z E J A Y S
E I L L P X B A Z H I L P L E R
H O A K T X I S H C I W S Ő S O
E Ú J O E G É S Y N E K É V E T
T W S T Z S Á L U D N Á R I K Á
Ő H Z Á S D E J R M S U T Y C B
S K É R É R N D A X O A M D V R
É O P A M T A J É V N R Y S X G
G I S B R Y D G Á S N O T Z I B
F J É R E R V E S Z É L Y E S Y
H P G R T E L Ő K É S Z Í T É S
```

TEVÉKENYSÉG   ÚTVONAL
SZÉPSÉG   ÖRÖM
BÁTORSÁG   TERMÉSZET
KIHÍVÁSOK   NAVIGÁCIÓ
ESÉLY   ÚJ
VESZÉLYES   LEHETŐSÉG
NEHÉZSÉG   ELŐKÉSZÍTÉS
LELKESEDÉS   BIZTONSÁG
KIRÁNDULÁS   MEGLEPŐ
BARÁTOK

26 - Sport

```
V E J K O M Z I M Y V O R M L L
F W G K E D I É T A E S A M U É
I Z X É Ő R E Ú S Z N I C K P L
Z K R P S G É S S E P É K O S E
B O W L L Z S K T P K F J C V G
A T L É T A S P P K W L M O R E
L N U I X W I É O Á E G I G K Z
P O J C S U O K G R R F B Á B N
R S Á T R A T I K U T O R S J I
O C N Á T T F H T Y C Ő Z D E P
G N U D S Á Z O K L Á L P Á T T
R M E T A B O L I K U S Y R S E
A X R K Z I F D J Y A M B F X S
M X M A X I M A L I Z Á L Á S T
X G K B I T X U C M W Y A U Y Y
X M D W S T M I W K O R A Z D K
```

KÉPESSÉG	KOCOGÁS
ATLÉTA	MAXIMALIZÁLÁS
TEST	METABOLIKUS
CSONTOK	IZMOK
EDZŐ	TÁPLÁLKOZÁS
KERÉKPÁROZÁS	PROGRAM
TÁNC	SPORT
DIÉTA	ERŐ
KITARTÁS	LÉLEGEZNI
EGÉSZSÉG	ÚSZNI

27 - Restaurant #2

```
J  T  N  N  W  B  Z  F  N  T  P  S  Z  I  G  B
F  O  T  V  M  P  Y  L  S  Ó  I  U  M  K  Y  M
Ű  B  S  K  E  B  K  G  G  Z  N  J  Y  F  Ü  K
S  E  V  E  L  F  J  J  B  T  C  E  O  E  M  Y
Z  V  Z  Z  F  T  W  T  C  G  É  J  A  X  Ö  B
E  J  T  F  K  I  Z  I  O  D  R  P  E  F  L  W
R  S  F  K  A  N  N  W  R  J  L  Z  B  B  C  T
E  U  S  I  G  C  N  O  H  A  Á  D  É  K  S  É
K  J  B  C  U  Z  B  S  M  J  N  S  D  G  E  S
K  E  G  É  S  D  L  Ö  Z  I  T  A  L  S  T  Z
H  A  R  O  S  C  A  V  N  D  D  M  X  Z  O  T
T  L  N  V  Í  Z  H  S  A  L  Á  T  A  É  R  A
P  L  E  Á  Z  X  W  V  X  R  H  C  C  K  T  M
B  I  S  C  L  J  S  I  G  S  W  M  J  O  A  A
S  V  D  S  E  H  A  Y  Y  C  K  O  H  D  B  R
X  V  Y  J  K  B  R  D  E  R  Z  M  E  J  T  T
```

ITAL
TORTA
SZÉK
FINOM
VACSORA
TOJÁS
HAL
VILLA
GYÜMÖLCS
JÉG

EBÉD
TÉSZTA
SALÁTA
SÓ
LEVES
FŰSZEREK
KANÁL
ZÖLDSÉGEK
PINCÉR
VÍZ

28 - Geology

```
C X F F Z A K H K Í S N N E F D
G R P O M Z O G R H A O D P O H
K R Z S S T N P I D J Ő U V L L
H T K S G M T G S C M K S A V Á
V F G Z X J I S T R Z P J K A V
B A C I V C N T Á E G P L F D A
K J U L F Y E F L P E E Y S T G
W G U I I Z N U Y A T S J G K N
C C O S X S S T O D É C A Z G A
M K E R Ó Z I Ó K R R T O V Í L
U M S U F Ö L D R E N G É S A R
I V U L K Á N V D Y W V S V G A
C E N C P Y P W J C S F Ó R V B
L V Y R F K O S U L K I C V X J
A X N Z H E Ő W X I V G G T R S
K V A R C J O K O R A L L J L C
```

SAV

KALCIUM

BARLANG

KONTINENS

KORALL

KRISTÁLYOK

CIKLUSOK

FÖLDRENGÉS

ERÓZIÓ

FOSSZILIS

GEJZÍR

LÁVA

RÉTEG

OLVADT

FENNSÍK

KVARC

SÓ

CSEPPKŐ

KŐ

VULKÁN

29 - House

```
S  G  H  C  N  I  W  K  T  R  E  K  N  I  K  M
Y  Y  V  M  E  N  B  E  H  Ö  O  O  U  Y  Ö  X
Y  P  O  J  F  B  E  R  W  K  T  N  J  K  N  G
Y  L  N  Ű  D  Ú  I  Í  W  Ü  S  Y  X  Z  Y  Y
P  V  N  R  Ő  T  E  T  Y  T  J  H  X  J  V  D
E  Y  M  P  K  O  G  É  V  S  B  A  A  C  T  U
F  N  P  E  A  R  H  S  V  U  F  J  B  U  Á  P
Ü  I  H  S  R  D  Z  U  H  A  N  Y  X  O  R  L
G  A  B  L  A  K  L  F  A  L  O  B  G  C  Z  A
G  K  K  G  S  L  U  Ó  L  L  A  D  N  A  K  S
Ö  X  V  P  V  Z  C  A  T  J  T  G  P  B  O  Á
N  W  G  M  T  E  M  M  I  J  O  A  P  M  Á  L
Y  I  R  Z  S  X  S  W  R  D  A  R  U  K  W  D
Ö  Y  W  O  M  D  B  B  K  D  U  Á  G  X  V  A
K  O  S  C  L  U  K  G  S  K  V  Z  E  X  U  P
Y  K  Z  L  B  B  C  M  Z  Y  S  S  R  J  O  D
```

PADLÁS	KULCSOK
SEPRŰ	KONYHA
FÜGGÖNYÖK	LÁMPA
AJTÓ	KÖNYVTÁR
KERÍTÉS	TÜKÖR
KANDALLÓ	TETŐ
PADLÓ	SZOBA
BÚTOR	ZUHANY
GARÁZS	FAL
KERT	ABLAK

30 - Physics

```
X  M  M  R  W  N  E  G  E  S  N  P  Y  E  K  G
X  O  O  Z  E  S  F  Y  A  T  O  M  L  L  É  Y
F  T  L  U  K  L  U  U  A  E  I  F  H  E  P  O
A  O  E  T  S  I  A  I  M  É  K  U  I  K  L  R
K  R  K  X  C  C  F  T  R  V  P  H  F  T  E  S
I  F  U  L  E  F  D  N  I  Z  P  I  J  R  T  U
N  A  L  S  Z  R  R  T  L  V  G  Á  Z  O  S  L
A  E  A  I  S  B  G  E  Ö  K  I  G  S  N  Ű  Á
H  Z  M  R  É  C  U  Z  K  M  M  T  O  I  R  S
C  S  N  Á  R  B  Y  B  P  V  E  A  Á  R  Ű  U
E  G  Y  E  T  E  M  E  S  Y  E  G  K  S  S  P
M  B  N  L  K  J  M  K  H  O  P  N  K  P  É  B
H  L  I  K  S  E  B  E  S  S  É  G  C  Z  G  X
D  D  O  U  M  Z  S  A  W  J  K  H  G  I  W  T
O  F  R  N  A  X  N  B  W  R  S  D  W  G  A  U
T  E  R  J  E  S  Z  K  E  D  É  S  P  Y  C  P
```

GYORSULÁS
ATOM
KÁOSZ
KÉMIAI
SŰRŰSÉG
ELEKTRON
MOTOR
TERJESZKEDÉS
KÉPLET
FREKVENCIA

GÁZ
TÖMEG
MECHANIKA
MOLEKULA
NUKLEÁRIS
RÉSZECSKE
RELATIVITÁS
EGYETEMES
SEBESSÉG

31 - Coffee

```
E  K  L  M  R  V  V  T  Z  K  R  N  I  F  F  I
R  O  L  E  I  D  P  D  N  I  M  S  Z  N  A  C
E  F  P  K  D  I  O  K  C  S  É  S  Z  E  N  T
D  F  Ö  Í  Z  A  Ő  O  H  O  R  W  V  T  M  I
E  E  R  A  X  E  R  Á  L  P  K  J  J  E  T  E
T  I  K  R  Y  U  Ű  Á  V  Í  Z  M  X  K  B  T
U  N  Ö  O  K  H  Z  L  L  A  T  I  V  E  K  K
K  P  L  M  B  X  S  Z  W  H  B  T  R  F  I  S
E  K  T  A  R  Z  O  R  O  O  P  S  A  P  E  H
S  N  H  G  F  O  L  Y  A  D  É  K  A  P  F  W
E  C  U  K  O  R  E  P  V  A  C  B  O  V  Z  W
R  Z  J  D  F  E  G  O  R  E  B  P  R  N  A  J
Ű  U  U  O  H  D  G  G  N  D  U  L  Y  W  T  S
E  G  O  Z  H  B  E  N  A  Y  E  H  L  G  G  N
V  B  X  X  L  G  R  A  Y  D  W  E  I  P  N  H
T  Z  U  T  J  K  G  G  O  L  W  N  L  F  K  W
```

SAVAS	DARÁL
AROMA	FOLYADÉK
ITAL	TEJ
KESERŰ	REGGEL
FEKETE	EREDET
KOFFEIN	ÁR
KRÉM	PÖRKÖLT
CSÉSZE	CUKOR
SZŰRŐ	INNI
ÍZ	VÍZ

32 - Shapes

```
K  É  W  Z  X  W  D  I  P  D  U  Y  P  H  E  M
E  O  L  A  K  C  O  K  F  T  O  Z  U  S  A  E
R  K  Z  E  F  I  Y  L  M  K  H  E  N  G  E  R
E  A  B  C  K  X  L  A  D  R  N  L  E  K  Ö  R
K  B  L  O  L  H  X  R  O  A  I  T  P  O  O  N
H  I  P  E  R  B  O  L  A  V  L  S  G  R  T  T
H  R  A  B  I  M  U  T  K  Í  Á  I  O  A  É  J
Á  Z  T  K  L  Ö  S  I  F  E  A  L  V  S  G  T
R  H  O  P  Z  G  C  S  I  Z  S  P  I  L  L  E
O  I  W  P  O  L  I  G  O  N  Y  W  I  S  A  Z
M  M  Z  G  K  A  U  P  R  I  Z  M  A  N  L  Y
S  T  H  O  Ú  N  D  T  L  Y  W  W  E  U  A  G
Z  M  D  D  P  O  P  I  R  A  M  I  S  X  P  É
Ö  F  V  O  N  V  I  O  V  G  F  A  E  U  I  N
G  M  P  W  O  Y  R  Y  D  K  G  A  I  P  O  I
R  J  E  Y  R  E  Z  Y  B  V  A  R  U  M  U  G
```

ÍV	OVÁLIS
KÖR	POLIGON
KÚP	PRIZMA
SAROK	PIRAMIS
KOCKA	TÉGLALAP
HENGER	KEREK
ÉLEK	OLDAL
ELLIPSZIS	GÖMB
HIPERBOLA	NÉGYZET
VONAL	HÁROMSZÖG

33 - Scientific Disciplines

```
R  E  A  B  B  R  É  G  É  S  Z  E  T  C  V  L
E  W  H  O  S  Z  O  C  I  O  L  Ó  G  I  A  Y
O  I  A  T  C  S  I  L  L  A  G  Á  S  Z  A  T
C  S  V  A  K  I  M  A  N  I  D  O  M  R  E  T
A  S  O  N  A  T  Y  N  Á  V  S  Á  A  O  V  H
Ö  C  D  I  I  G  N  Y  E  L  V  É  S  Z  E  T
B  K  I  K  M  V  E  M  E  C  H  A  N  I  K  A
J  I  O  A  É  N  R  O  Á  L  L  A  T  T  A  N
J  L  O  L  K  G  C  P  L  N  U  K  A  Z  K  A
J  K  I  L  Ó  F  A  I  G  Ó  L  O  R  U  E  N
X  K  H  S  Ó  G  U  I  E  L  G  J  X  F  Y  B
L  Z  M  B  N  G  I  A  V  K  X  I  Y  V  N  M
D  Y  M  Y  I  A  I  A  I  M  Ó  T  A  N  A  N
U  A  W  V  X  Z  S  A  B  I  O  K  É  M  I  A
P  S  Z  I  C  H  O  L  Ó  G  I  A  H  H  F  I
G  L  K  I  N  E  Z  I  O  L  Ó  G  I  A  M  B
```

ANATÓMIA	KINEZIOLÓGIA
RÉGÉSZET	NYELVÉSZET
CSILLAGÁSZAT	MECHANIKA
BIOKÉMIA	ÁSVÁNYTAN
BIOLÓGIA	NEUROLÓGIA
BOTANIKA	PSZICHOLÓGIA
KÉMIA	SZOCIOLÓGIA
ÖKOLÓGIA	TERMODINAMIKA
GEOLÓGIA	ÁLLATTAN

34 - Science

```
É W D C T V W P X S V V K K J M
G G E M I A S I Z É T O P I H D
R I H K É K S C E Z S É R W T U
A D C A T S J I C G B S N G E C
V T T T J I A I M É K Z Y Y R R
I W X T E L R É S Í K X A I M D
T A D A K I A E U T Z B X L É S
Á K T T F Z B T V M I E S W S M
C I R E Z S D Ó M O W S B B Z N
I Z C L M S Ó D U T L E B Y E Ö
Ó I T B A O T I M A B Ú U D T V
P F E R F F H E Z T K Y C V N É
S Z E R V E Z E T N W H W I Y N
L A B O R A T Ó R I U M H X Ó Y
M O L E K U L Á K Z S J A T O E
M E G F I G Y E L É S H I Z T K
```

ATOM   LABORATÓRIUM
KÉMIAI   MÓDSZER
ÉGHAJLAT   MOLEKULÁK
ADAT   TERMÉSZET
EVOLÚCIÓ   MEGFIGYELÉS
KÍSÉRLET   SZERVEZET
TÉNY   RÉSZECSKÉK
FOSSZILIS   FIZIKA
GRAVITÁCIÓ   NÖVÉNYEK
HIPOTÉZIS   TUDÓS

35 - To Fill

```
V  B  G  X  C  H  K  C  T  V  F  J  M  V  S  D
K  Ö  V  B  D  A  R  S  R  M  C  J  Y  Á  R  O
K  F  D  Á  K  J  K  O  H  I  Z  S  I  Z  Y  B
G  Z  U  Ö  H  Ó  C  M  Ü  V  E  G  Ő  A  R  O
W  K  O  Z  R  Ó  Z  A  C  L  Á  T  H  N  H  Z
B  Ő  R  Ö  N  D  S  G  D  B  O  R  Í  T  É  K
B  U  Á  A  O  R  E  E  R  Á  T  Á  S  K  A  H
C  F  S  B  T  O  B  O  L  D  L  K  O  R  S  Ó
O  J  O  R  R  H  D  W  O  R  J  H  I  D  P  A
A  M  K  D  A  P  P  A  M  G  J  B  E  E  F  G
X  H  Ó  C  K  X  X  B  P  R  D  Y  B  B  O  Z
M  D  I  D  K  R  W  I  K  K  C  X  S  D  Z  K
X  C  F  O  U  P  A  K  I  D  A  U  Y  X  W  K
J  J  C  S  W  X  T  U  H  F  F  B  A  W  T  J
T  F  M  F  L  V  X  M  E  N  P  T  L  C  O  R
K  W  F  Y  L  Z  Z  Y  U  L  V  T  Z  L  L  I
```

TÁSKA	MAPPA
HORDÓ	KORSÓ
KOSÁR	CSOMAG
ÜVEG	ZSEB
DOBOZ	BŐRÖND
VÖDÖR	TÁLCA
KARTON	KÁD
LÁDA	CSŐ
FIÓK	VÁZA
BORÍTÉK	HAJÓ

36 - Clothes

```
X  D  G  I  G  T  S  M  P  G  X  C  K  P  T  U
X  R  W  G  Á  E  Á  I  N  G  W  I  A  I  B  O
X  K  U  E  R  X  W  B  C  K  S  P  R  Z  X  S
U  Z  Y  H  D  K  A  L  A  P  J  Ő  K  S  U  E
H  L  V  V  A  D  Z  S  E  K  I  Z  Ö  A  W  V
U  K  E  Y  N  É  T  Ö  K  E  Y  L  T  M  W  G
D  Ö  J  K  P  O  T  W  F  R  P  W  Ő  A  B  O
I  G  V  E  S  T  I  K  P  E  P  D  Y  E  U  L
V  P  F  S  Á  J  Y  W  T  Z  K  D  U  M  R  S
A  L  C  Z  L  Z  B  Y  J  S  T  L  H  F  P  B
T  A  Z  T  W  Z  O  S  T  K  H  E  H  G  Z  T
B  T  F  Y  S  N  U  P  B  É  O  D  Z  F  C  C
A  T  Y  Ű  S  Z  A  N  D  Á  L  E  Z  A  F  J
P  U  L  Ó  V  E  R  R  E  H  E  L  M  F  N  T
S  W  D  B  L  Ú  Z  P  J  N  F  A  R  M  E  R
S  Z  O  K  N  Y  A  I  I  X  W  W  D  D  I  J
```

KÖTÉNY	FARMER
ÖV	ÉKSZEREK
BLÚZ	PIZSAMA
KARKÖTŐ	NADRÁG
KABÁT	SZANDÁL
RUHA	SÁL
DIVAT	ING
KESZTYŰ	CIPŐ
KALAP	SZOKNYA
DZSEKI	PULÓVER

37 - Astronomy

```
G  N  Z  É  S  S  E  K  T  A  J  E  F  F  T  C
R  A  Y  B  G  A  G  Ö  N  O  B  G  P  U  I  S
A  L  L  L  L  C  H  D  L  O  H  Ű  M  R  G  I
K  U  K  A  R  V  H  F  Ű  R  H  A  J  Ó  S  L
É  H  I  X  X  R  Z  O  Z  E  M  D  T  G  Á  L
T  I  O  B  B  I  D  L  O  H  V  I  Á  Y  Z  A
A  K  I  X  Z  F  S  T  F  A  G  O  V  L  R  G
F  O  G  Y  A  T  K  O  Z  Á  S  R  C  O  Á  K
K  C  S  I  L  L  A  G  Á  S  Z  E  S  B  G  É
O  Á  V  C  H  P  R  U  Y  D  W  T  Ő  J  U  P
Z  L  Z  M  K  Y  F  F  Y  S  G  Z  D  G  S  Z
M  L  T  E  X  F  F  R  R  E  P  S  P  G  C  C
O  A  G  T  F  Ö  L  D  Z  F  G  A  E  E  H  B
S  T  C  E  R  T  S  J  U  S  Z  N  J  S  Z  V
Z  Ö  Y  O  O  V  L  O  Z  T  I  A  N  I  H  I
X  V  Z  R  U  A  V  Ó  N  R  E  P  U  Z  S  M
```

ASZTEROIDA   KÖDFOLT
ŰRHAJÓS   BOLYGÓ
CSILLAGÁSZ   SUGÁRZÁS
CSILLAGKÉP   RAKÉTA
KOZMOSZ   MŰHOLD
FÖLD   ÉG
FOGYATKOZÁS   NAP
GALAXIS   SZUPERNÓVA
METEOR   TÁVCSŐ
HOLD   ÁLLATÖV

38 - Health and Wellness #2

```
W M T I N T G S X N Y G A K S B
D S Á D A R Á Z S I K E N A Ú F
C E P É T V Á G Y M R N A L L E
R G L B J A M Z B A B E T Ó Y R
C É Á A F I M G K T A T Ó R P T
F S L H I G I É N I A I M I K Ő
U Z K K Ó R H Á Z V I K I A I Z
E S O E M E É E S X G A A S J É
O É Z L W L L V S E R U T G K S
R G Á S D L R H E M E A Y É I A
R E S E F A F D R F N E E S I U
P A I K O O E B T E E N H G B D
B I K J S C I A S C U F L E F H
U I F X M A S S Z Á Z S B T X C
K Z L E K T S É L Ü P É L E F J
C A I E B L H L J N Z S L B Z M
```

ALLERGIA	EGÉSZSÉGES
ANATÓMIA	KÓRHÁZ
ÉTVÁGY	HIGIÉNIA
VÉR	FERTŐZÉS
KALÓRIA	MASSZÁZS
KISZÁRADÁS	TÁPLÁLKOZÁS
DIÉTA	FELÉPÜLÉS
BETEGSÉG	STRESSZ
ENERGIA	VITAMIN
GENETIKA	SÚLY

39 - Disease

```
H  M  D  N  G  Y  U  L  L  A  D  Á  S  J  N  A
G  R  C  U  E  T  S  E  K  V  T  E  G  A  S  L
M  F  Y  R  C  U  Á  G  Y  É  K  I  B  U  K  L
K  Ó  Z  O  K  O  R  Ó  K  A  C  K  N  B  R  E
S  D  U  A  V  P  M  O  L  É  G  Z  É  S  Ö  R
V  A  G  V  W  D  V  G  P  S  K  K  M  J  R  G
N  H  S  Í  A  G  I  F  G  Á  O  F  Y  U  Ö  I
G  É  S  Z  S  É  G  E  Y  T  T  S  E  T  K  A
G  K  W  S  W  O  B  R  E  I  N  I  I  K  L  C
U  G  V  C  N  K  U  T  N  N  O  S  A  R  E  M
U  R  B  O  H  T  K  Ő  G  U  S  F  I  Ó  T  W
C  C  W  X  P  E  G  Z  E  M  C  Y  P  N  E  V
H  A  S  I  N  V  Z  Ő  C  M  N  M  Á  I  S  A
S  Z  I  N  D  R  Ó  M  A  I  P  B  R  K  Y  K
B  A  K  T  E  R  I  Á  L  I  S  W  E  U  A  M
G  E  N  E  T  I  K  A  I  S  X  A  T  S  P  P
```

HASI	ÖRÖKLETES
ALLERGIA	IMMUNITÁS
BAKTERIÁLIS	GYULLADÁS
TEST	ÁGYÉKI
CSONTOK	NEUROPÁTIA
KRÓNIKUS	KÓROKOZÓK
FERTŐZŐ	LÉGZÉS
GENETIKAI	SZINDRÓMA
EGÉSZSÉG	TERÁPIA
SZÍV	GYENGE

40 - Time

```
K  R  U  E  P  H  M  O  W  D  H  Y  X  P  M  B
F  G  W  L  X  J  F  P  X  S  E  Ó  K  X  O  S
D  É  L  Ő  E  K  D  H  E  O  K  A  N  H  S  L
E  P  E  T  É  H  Z  Y  D  C  P  O  O  A  T  J
Z  W  G  T  K  U  A  G  N  T  R  Ó  C  J  P  Ö
I  K  G  K  O  R  A  I  Y  U  I  D  R  R  A  V
T  P  E  S  H  Y  K  N  Y  Y  M  S  E  A  N  Ő
V  L  R  C  É  V  E  S  I  A  V  D  P  K  Z  Z
É  M  N  D  M  Z  É  F  C  H  C  T  A  A  T  G
O  S  N  H  V  F  A  W  K  C  Z  D  N  Z  U  Z
S  L  A  S  Z  Á  Z  A  D  H  H  X  G  S  C  M
L  M  P  E  C  L  T  O  O  L  Z  C  E  J  N  Y
E  A  T  I  X  G  H  A  M  A  R  L  T  É  C  B
P  X  Á  B  I  U  D  G  Y  X  W  H  R  L  H  I
N  E  R  I  B  D  Y  A  E  M  X  C  J  A  D  S
J  G  G  T  Z  S  I  Y  N  A  D  Y  R  Z  J  Z
```

ÉVES	HÓNAP
ELŐTT	REGGEL
NAPTÁR	ÉJSZAKA
SZÁZAD	DÉL
NAP	MOST
ÉVTIZED	HAMAR
KORAI	MA
JÖVŐ	HÉT
ÓRA	ÉV
PERC	TEGNAP

41 - Buildings

```
E  A  L  Y  X  S  Á  K  A  L  O  J  D  M  F  I
X  G  K  F  L  Z  Á  H  R  Ó  K  C  O  E  M  F
G  D  V  G  A  U  F  I  Z  G  X  I  E  V  E  P
Y  L  E  W  B  P  Z  J  G  Y  N  O  R  O  T  G
F  X  X  M  O  E  Z  W  G  Á  X  S  Á  N  E  L
S  P  K  A  R  R  P  N  K  R  S  W  V  N  Y  D
T  D  I  D  A  M  U  E  Z  Ú  M  A  G  O  G  S
A  A  Y  G  T  A  S  K  M  I  U  R  D  Y  E  U
D  P  R  Z  Ó  R  O  T  Á  S  S  M  Z  Z  A  S
I  Z  O  M  R  K  S  D  D  J  W  K  F  B  A  R
O  U  W  P  I  E  U  Z  A  I  N  L  O  H  T  G
N  G  A  V  U  T  H  T  Í  T  M  A  J  L  J  S
R  B  J  I  M  B  Y  S  K  N  W  A  T  S  A  H
P  S  Z  Á  L  L  O  D  A  B  H  M  N  X  P  W
S  Z  Á  L  L  Ó  K  A  B  I  N  Á  X  D  O  J
N  A  G  Y  K  Ö  V  E  T  S  É  G  Z  F  S  F
```

LAKÁS	SZÁLLODA
PAJTA	LABORATÓRIUM
KABIN	MÚZEUM
VÁR	ISKOLA
MOZI	STADION
NAGYKÖVETSÉG	SZUPERMARKET
GYÁR	SÁTOR
GAZDASÁG	SZÍNHÁZ
KÓRHÁZ	TORONY
SZÁLLÓ	EGYETEM

42 - Philanthropy

```
E P K C T P M U K K O R G I K D
M R I A Ö K É O S I W S É M Ö N
B O H T R Z Ü N A W M Y S W Z K
E G Í G T R X L Z G P E E I Ö A
R R V É É R K U D Ü L Y T W S P
I A Á S N S K N W E G Y N Z S C
S M S K E Y Ű I C X T Y I O É S
É O O Ü L K M K I W C É Z Y G O
G K K Z E O Y S L L Z A S N A L
T V Y S M T K X J E N R Ő Á L A
V E M B E R E K P M L E H M A T
M O D G N O T O E G S Y Z O P O
D S H T X P J L K B D U G D O K
G Á S Y N O K É T Ó J H F A K C
W F Y R D S D C V E Y U O E N S
D X E H A C G Y E R M E K E K N
```

KIHÍVÁSOK	CÉLOK
JÓTÉKONYSÁG	CSOPORTOK
GYERMEKEK	TÖRTÉNELEM
KÖZÖSSÉG	ŐSZINTESÉG
KAPCSOLATOK	EMBERISÉG
ADOMÁNYOZ	KÜLDETÉS
PÉNZÜGY	SZÜKSÉG
ALAPOK	EMBEREK
NAGYLELKŰSÉG	PROGRAMOK

43 - Gardening

```
B  Y  C  Z  B  P  N  E  D  V  E  S  S  É  G  C
T  N  M  S  D  S  I  L  Á  N  O  Z  E  Z  S  I
Ö  E  G  X  O  R  D  S  U  K  I  T  O  Z  G  E
M  D  X  C  E  K  T  J  Z  T  M  L  N  D  Á  V
L  É  V  E  L  C  O  S  H  O  C  B  I  W  R  I
Ő  I  N  X  X  Y  L  R  E  P  K  E  B  N  I  R
G  J  M  H  F  Y  A  C  H  F  V  M  T  F  V  Á
É  G  H  A  J  L  A  T  E  H  B  I  A  R  Z  G
V  Í  Z  K  F  Á  P  Z  T  E  W  U  Z  G  O  O
N  C  H  I  A  T  M  S  Ő  Z  G  F  O  F  O  S
O  U  L  N  J  R  W  O  F  F  E  X  B  B  K  K
O  D  J  A  L  A  T  P  T  O  J  C  M  M  H  O
R  I  B  T  H  T  I  M  N  V  W  J  O  V  T  V
C  L  O  O  K  Y  N  O  L  X  C  I  L  H  C  U
S  K  J  B  R  U  T  K  W  U  Z  P  R  U  S  S
D  D  G  Y  Ü  M  Ö  L  C  S  Ö  S  F  M  B  B
```

VIRÁG	LOMBOZAT
BOTANIKA	TÖMLŐ
CSOKOR	LEVÉL
ÉGHAJLAT	NEDVESSÉG
KOMPOSZT	GYÜMÖLCSÖS
TARTÁLY	SZEZONÁLIS
PISZOK	MAGOK
EHETŐ	TALAJ
EGZOTIKUS	FAJ
VIRÁGOS	VÍZ

44 - Herbalism

```
N X I O F O K H A G Y M A M D M
Y G G F S B N Z X Ó N Á G E R O
S Á F R Á N Y A N K É L N Y I K
Ö R Ö R K K J L V O M I I L M I
Y I A S G Z Y I A N Ö K R E B L
N V K R S K Ö J Í Y K C A S D A
Ő T E J O Z X L Z H S H M Z A S
L V R W S M E B D A E H Z E X Z
E B T O G I Á T N I D H O R T A
M E N T A R Y S E I É T R T Z B
M A J O R Á N N A V B Á W E I R
W U M K T E É F M O Ő R N P W R
B L E O I G V B P R R K V V X N
V S N Y N J Ö Z N A Y O H V B Z
V A A L U D N E V E L N T K I O
B M P L K A N T W Z B Y S N F X
```

AROMÁS

BAZSALIKOM

ELŐNYÖS

KONYHAI

ÉDESKÖMÉNY

ÍZ

VIRÁG

KERT

FOKHAGYMA

ZÖLD

ÖSSZETEVŐ

LEVENDULA

MAJORÁNNA

MENTA

OREGÁNÓ

PETREZSELYEM

NÖVÉNY

ROZMARING

SÁFRÁNY

TÁRKONY

45 - Flowers

```
V  A  T  U  L  I  P  Á  N  Y  K  U  B  P  Y  S
G  S  P  D  F  V  E  H  N  A  J  P  W  A  M  Z
L  Z  P  I  T  Y  P  A  N  G  L  K  J  T  A  I
C  Ó  S  Y  G  N  C  Y  D  Y  U  D  K  H  E  R
Z  R  H  S  Z  Á  Z  S  Z  O  R  S  Z  É  P  O
M  A  D  E  Ó  G  R  O  F  A  R  P  A  N  M  M
N  S  L  E  R  A  A  I  R  E  M  U  L  P  A  X
N  Z  P  P  O  E  A  R  V  M  B  A  T  N  G  V
Á  A  I  E  K  D  R  F  D  M  M  D  X  E  N  Y
R  B  N  M  O  I  L  I  L  É  Ö  H  M  F  Ó  O
C  P  P  V  S  H  G  R  N  Z  N  R  R  A  L  H
I  V  V  Y  C  C  D  U  M  V  N  I  Ö  H  I  K
S  R  O  L  O  R  J  Á  Z  M  I  N  A  K  A  M
Z  J  O  P  O  O  L  E  V  E  N  D  U  L  A  Á
H  I  B  I  S  Z  K  U  S  Z  W  R  I  H  Z  K
H  A  L  V  Á  N  Y  L  I  L  A  H  V  W  O  N
```

CSOKOR	HALVÁNYLILA
KÖRÖMVIRÁG	LILIOM
LÓHERE	MAGNÓLIA
NÁRCISZ	ORCHIDEA
SZÁZSZORSZÉP	BAZSARÓZSA
PITYPANG	SZIROM
GARDÉNIA	PLUMERIA
HIBISZKUSZ	MÁK
JÁZMIN	NAPRAFORGÓ
LEVENDULA	TULIPÁN

46 - Health and Wellness #1

```
K G J K E Z E L É S M B X U G J
E I C D G E K P L E A A A K Y C
G N K S Á K O Z S T G K S V Ó O
E Z U A O K W F É O A T H Y G K
D E R K P N O U R G S É T B Y R
I G K I H C T Y Ö L S R E S S U
B E B N Y O S O T L Á I R U Z J
U L P I T L R O K S G U Á K E I
O É R L S Y Ő M L G B M P N R G
R L H K F G B Y O Ó V O I B T C
P X A K T Í V U O N D K A I Á R
O R V O S É H S É G O Á P Z R E
S X J V Í R U S A E N K S M F F
Y N A N H A Z M N U U B V O C L
M N M P J C E D L O M P T K A E
Z Z O Y L M V G K L L J C R P X
```

AKTÍV	IZMOK
BAKTÉRIUMOK	IDEGEK
CSONTOK	GYÓGYSZERTÁR
KLINIKA	REFLEX
ORVOS	KIKAPCSOLÓDÁS
TÖRÉS	BŐR
SZOKÁS	TERÁPIA
MAGASSÁG	LÉLEGEZNI
HORMONOK	KEZELÉS
ÉHSÉG	VÍRUS

47 - Town

```
C N R K G Y Ó G Y S Z E R T Á R
W F E R Ö K L I N I K A J R X K
L P P M S N S Z Á L L O D A G Y
N R Ü E N O Y C K W H D L B S B
P W L G T I H V N B G E J R Z O
B B Ő Y C D M U E Z Ú M G J U X
F O T E L A V G É S K É P T P L
K T É T U T B A N K B N T R E K
U X R E P S G P I A C O E E R S
H M R M G U Z R Z L E N L K M Z
C D I M H A M T B O S J U T A Í
X K O O O B L T J K W B K A R N
K O E R D Z N É Y S B B D L K H
I P N H U E I P R I C O S L E Á
K Ö N Y V T Á R F I T L G Á T Z
V I R Á G Á R U S H A T Y R P U
```

REPÜLŐTÉR	PIAC
PÉKSÉG	MÚZEUM
BANK	GYÓGYSZERTÁR
KÖNYVESBOLT	ISKOLA
MOZI	STADION
KLINIKA	BOLT
VIRÁGÁRUS	SZUPERMARKET
GALÉRIA	SZÍNHÁZ
SZÁLLODA	EGYETEM
KÖNYVTÁR	ÁLLATKERT

48 - Antarctica

```
J  G  E  D  Z  S  Á  L  K  I  Z  S  X  J  G  F
H  L  E  I  F  M  Y  D  E  U  V  F  V  D  L  É
K  L  D  L  F  C  X  G  T  O  T  C  Z  F  E  L
P  Ö  S  É  Z  R  Ő  G  E  M  E  A  O  T  C  S
I  B  R  P  P  F  P  É  G  J  L  I  T  T  C  Z
N  Ö  M  N  V  N  L  J  I  A  K  F  T  Ó  S  I
G  O  I  C  Y  S  X  F  Z  C  É  Á  U  U  E  G
V  T  G  C  E  E  V  S  B  S  R  D  I  R  E
I  F  R  O  K  A  Z  B  P  K  R  G  O  D  E  T
N  X  Á  M  E  T  R  E  R  B  É  O  M  V  K  V
E  V  C  D  A  X  K  G  T  X  M  P  Á  Í  G  G
K  Ó  I  C  Í  D  E  P  X  E  Ő  O  N  Z  W  I
K  L  Ó  A  G  L  A  X  G  C  H  T  Y  R  Z  W
U  H  P  G  Z  J  A  R  D  L  Ö  F  O  M  X  H
Y  X  I  K  E  X  R  G  A  K  X  A  S  A  C  I
K  S  N  E  N  I  T  N  O  K  F  E  L  H  Ő  K
```

ÖBÖL	SZIGETEK
MADARAK	MIGRÁCIÓ
FELHŐK	PINGVINEK
MEGŐRZÉS	FÉLSZIGET
KONTINENS	KUTATÓ
KÖRNYEZET	SZIKLÁS
EXPEDÍCIÓ	TUDOMÁNYOS
FÖLDRAJZ	HŐMÉRSÉKLET
GLECCSEREK	TOPOGRÁFIA
JÉG	VÍZ

49 - Ballet

```
Ő  Z  E  J  E  F  I  K  P  J  I  N  K  X  W  I
R  K  W  G  B  P  P  O  T  A  P  S  S  Y  Y  B
S  S  B  G  W  D  Z  S  R  I  T  M  U  S  P  T
Y  O  P  E  W  Z  P  O  V  J  B  W  L  X  R  B
G  E  S  Z  T  U  S  C  T  A  R  P  K  Y  H  A
X  B  S  Á  T  I  Z  N  E  T  N  I  P  G  Z  P
K  O  R  E  O  G  R  Á  F  I  A  B  Ó  R  P  R
S  P  C  N  S  Z  A  T  B  W  N  J  O  X  G  S
T  T  S  E  Z  C  K  T  A  L  R  O  K  A  Y  G
I  Y  Í  Z  K  G  E  B  L  W  S  R  G  K  S  É
D  H  S  L  R  S  N  K  E  C  Y  F  O  Y  I  S
P  V  W  G  U  V  E  G  R  I  Z  M  O  K  C  N
K  V  K  W  E  S  Z  E  I  Z  S  É  V  Ű  M  Ö
K  É  S  Z  S  É  G  J  N  L  V  A  Z  V  W  Z
T  E  C  H  N  I  K  A  A  V  R  G  Y  Z  R  Ö
G  J  Z  E  N  E  S  Z  E  R  Z  Ő  O  T  K  K
```

TAPS	INTENZITÁS
MŰVÉSZI	IZMOK
KÖZÖNSÉG	ZENE
BALERINA	ZENEKAR
KOREOGRÁFIA	GYAKORLAT
ZENESZERZŐ	PRÓBA
TÁNCOSOK	RITMUS
KIFEJEZŐ	KÉSZSÉG
GESZTUS	STÍLUS
KECSES	TECHNIKA

50 - Fashion

```
G Y A K O R L A T I Z K R P J J
J M T A Z Y N Á R I I É N O P Z
S Z E R É N Y W K C I N O N O K
É J K Ú B R I W J O R Y Z I N R
Z F P T U E F J S Ő T E V Ö Z S
M Z I X T D M I N T A L O V J U
Í T S E I O E C D E P M F N E L
H U C T K M B S A H M E H R L Í
M I N I M A L I S T A S R T E T
M W V R J W Y T R E G N X S G S
J É F Z B J C E U Z B O M T Á N
D J R Z X E K D H I A F M L N S
U R F É F I I E Á F J S R B S G
P J Á B S F L R Z G A L W H O E
V J J G T E C E A E G O R E T K
G Y K C A U K T T M I F R K K I
```

MEGFIZETHETŐ
BUTIK
GOMBOK
RUHÁZAT
KÉNYELMES
ELEGÁNS
HÍMZÉS
DRÁGA
SZÖVET
CSIPKE

MÉRÉSEK
MINIMALISTA
MODERN
SZERÉNY
EREDETI
MINTA
GYAKORLATI
STÍLUS
TEXTÚRA
IRÁNYZAT

51 - Human Body

```
Z H O X S I P M L Z C K C I U C
L L T G S H F R G N H U S O O S
Y G A E C V J P T T Y P O B X U
W T W K Ö N Y Ö K J M M N T M M
P E H A O B F K L C N R T É D H
Z H H Y I B Ü A W O R R O R Ő B
T O A N C H L I H A É A K D G J
U I M R G C L P P U V T X S C J
F C I O G M Á G C Z Í W L H B D
J X I K A R V D O K Z M M X Y Y
Z A T U O N B J E T S U N W P G
U M D L J E F O H J X C B D V U
K V R V Á J P M V E E T X U I T
É L L Á Z E H X Z W Z E A F D Z
Z Á L Y S H A H U Y W E U H C U
A B B F Á L L K A P O C S G S F
```

BOKA	FEJ
VÉR	SZÍV
CSONTOK	ÁLLKAPOCS
AGY	TÉRD
ÁLL	LÁB
FÜL	SZÁJ
KÖNYÖK	NYAK
ARC	ORR
UJJ	VÁLL
KÉZ	BŐR

52 - Musical Instruments

```
L P F P S R N R Y G Z D F H B G
X Y U I Z M K E P T S K K U N T
I J V V A O B O Z D U H J W P É
R L O S X X Z M G O N G Á H D N
F V L B O D Ő G R Ö S C P R S I
H A A E F A C C O P U R N Á F R
A B G B O H S T R O M B I T A A
R H E O N K E Y M G G O L I B L
A E H N T I L S V O V D O G M K
N G Z D D T L O E Y A E D I R E
G E O H V Z Ó U V P N U N I U M
J D S Y M W S H O J N A A T L K
Á Ű J X D W G Ó L X O N M L N C
T L H A R S O N A N U A E V N G
É M A R I M B A Z O N G O R A N
K H A R M O N I K A T G C I E C
```

BENDZSÓ
FAGOTT
CSELLÓ
HARANGJÁTÉK
KLARINÉT
DOB
FUVOLA
GONG
GITÁR
HARMONIKA

HÁRFA
MANDOLIN
MARIMBA
OBOA
ZONGORA
SZAXOFON
CSÖRGŐDOB
HARSONA
TROMBITA
HEGEDŰ

53 - Fruit

```
M D E W U W K F M E B Á F J Z M
G A F A V Á J U G Y V B P E T Y
T M N I R A T K E N N R E F K T
H L Á G K S G A T Z A A X L I S
E A N D Ó Z L V R S Y Z N M V Á
X S A I Y Ő K O Ö E O B D V I R
K A B N G L Ó K K R C M H V Z G
C T O N O Ő K Á F E U E U O O A
A I Y Y B X U D G S B B M I K B
R N T E B E S Ó G C D V O I D A
A G A R I Y Z P A P A J A E Z R
B S J N O W D E O R N D N C M A
I A N L Á M I B R V W W U W I C
Z J M O S S Ó M G I G G E C L K
S J J N X S Z M D V F S M H R W
Ő W L L I B P R D P N A I H O G
```

ALMA	KIVI
SÁRGABARACK	CITROM
AVOKÁDÓ	MANGÓ
BANÁN	DINNYE
BOGYÓ	NEKTARIN
CSERESZNYE	PAPAJA
KÓKUSZDIÓ	ŐSZIBARACK
ÁBRA	KÖRTE
SZŐLŐ	ANANÁSZ
GUJÁVAFA	MÁLNA

54 - Engineering

```
T F P O T Z Z O Z Y B R C N K M
E U P G M B J Y T R O Z Y N J É
S R S Z E R K E Z E T W L E P L
Á Z Ő Z E X C L A I G R E N E Y
L V Á D B X L M G D Ö Á G X J S
Z B P M A R G A I D Z T N É M É
S B P K Í Z G I B B S M E U P G
O T A M F T O A F G É É T I L M
L D Í Z E L Á C A B T R H A P E
E K M X S Z T S O B Í Ő M K L G
S T A B I L I T Á S P Y T O A H
D B M É R É S N O M É H B C D A
X H G F O G A S K E R E K E K J
K D B T T D L N K V F C P W D T
A A H K O R A K É D A Y L O F Á
F H G L M N D L H F N D M D K S
```

SZÖG
TENGELY
SZÁMÍTÁS
ÉPÍTÉS
MÉLYSÉG
DIAGRAM
ÁTMÉRŐ
DÍZEL
ELOSZLÁS
ENERGIA

FOGASKEREKEK
KAROK
FOLYADÉK
GÉP
MÉRÉS
MOTOR
MEGHAJTÁS
STABILITÁS
ERŐ
SZERKEZET

55 - Kitchen

É	K	H	N	D	K	K	L	N	J	H	M	U	M	L	D
Ó	L	Á	T	Z	É	Ö	Y	T	B	Ű	É	E	E	L	P
S	H	E	D	I	S	T	B	W	U	T	L	D	R	L	T
C	Z	K	L	A	E	É	G	M	G	Ő	Y	N	Ő	N	O
N	K	A	W	M	K	N	Z	V	V	S	H	V	K	O	Z
A	Y	L	L	O	I	Y	W	G	S	Z	Ű	E	A	T	C
K	X	A	T	V	T	S	V	L	C	E	T	R	N	K	J
I	I	N	N	E	É	Ő	Z	K	H	K	Ő	E	Á	J	I
C	M	A	C	C	P	T	A	E	U	R	V	C	L	B	Z
Z	G	K	Z	S	E	Ü	A	U	R	É	I	E	L	C	S
K	O	R	S	Ó	É	S	X	R	P	N	L	P	I	W	R
J	K	E	R	E	Z	S	Ű	F	P	Y	L	T	R	G	N
Ó	L	A	R	R	O	F	Z	Í	V	E	A	E	G	C	B
B	L	X	A	E	K	L	P	É	S	Z	I	V	A	C	S
P	X	D	N	Y	E	I	J	A	K	E	D	W	U	D	W
O	H	S	J	N	T	I	G	I	G	T	J	F	P	T	W

KÖTÉNY
TÁL
CSÉSZÉK
ÉLELMISZER
VILLA
MÉLYHŰTŐ
GRILL
KORSÓ
KANCSÓ
VÍZFORRALÓ

KÉSEK
MERŐKANÁL
SZALVÉTA
SÜTŐ
RECEPT
HŰTŐSZEKRÉNY
FŰSZEREK
SZIVACS
KANALAK
ENNI

56 - Government

```
V H Z F O C S Y T V B G I T H P
J O G I R Á G L O P Í Á L L A M
B I Y Á E T M O Y D R S E F L D
E C N Y S M K O K V Ó S G Ü T E
S P É U K D L F R X S O Y G B M
Z Y V H Y M A É Z P Á G E G H O
É D R S H J T B K L G Á N E Z K
D L Ö W R R I A A M I S L T N R
F Ő T E Z E V Z I Z Ű Z Ő L N Á
A L K O T M Á N Y I S A S E E C
K E R Ü L E T V H R Y G É N M I
B É K É S F V X C Z L I G S Z A
C N P V I L P T D W Z E A É E C
P P I L M G E G B Y K J E G T N
D L G T P O L I T I K A N W W R
S Z I M B Ó L U M C M E B B F O
```

POLGÁRI	VEZETŐ
ALKOTMÁNY	JOGI
DEMOKRÁCIA	SZABADSÁG
VITA	EMLÉKMŰ
KERÜLET	NEMZET
EGYENLŐSÉG	BÉKÉS
FÜGGETLENSÉG	POLITIKA
BÍRÓSÁGI	BESZÉD
IGAZSÁGOSSÁG	ÁLLAM
TÖRVÉNY	SZIMBÓLUM

57 - Art Supplies

```
H  G  I  M  C  K  F  R  V  S  H  C  D  G  S  K
P  A  P  Í  R  I  A  B  Í  Z  X  N  I  K  L  R
O  Y  T  V  I  N  H  M  Z  É  H  I  T  J  S  E
S  G  E  N  V  X  G  D  E  K  O  S  D  K  Z  A
R  A  F  V  I  U  A  Y  R  R  O  C  Y  M  Í  T
M  U  A  Y  A  T  P  N  X  E  A  L  M  B  N  I
F  D  S  K  R  D  O  Á  K  C  B  D  A  M  E  V
Z  L  Z  Á  P  X  L  V  V  S  L  P  G  J  K  I
J  Z  É  Z  B  K  E  L  L  E  R  A  V  K  A  T
R  H  N  U  W  C  I  L  A  T  Z  S  A  G  V  Á
A  A  K  R  I  L  K  Á  R  E  O  L  N  C  R  S
D  U  X  E  B  W  P  Ő  G  K  E  T  E  L  T  Ö
Í  S  K  C  F  E  S  T  É  K  E  K  K  X  U  B
R  P  L  B  C  V  V  S  R  A  G  A  S  Z  T  Ó
S  D  W  S  B  F  P  E  R  T  J  G  C  F  A  D
R  D  K  F  I  U  P  F  S  J  R  E  L  C  U  R
```

AKRIL	RAGASZTÓ
ECSETEK	ÖTLETEK
KAMERA	TINTA
SZÉK	OLAJ
FASZÉN	FESTÉKEK
AGYAG	PAPÍR
SZÍNEK	CERUZÁK
KREATIVITÁS	ASZTAL
FESTŐÁLLVÁNY	VÍZ
RADÍR	AKVARELLEK

58 - Science Fiction

```
F  R  Z  E  Y  G  J  R  E  J  T  É  L  Y  E  S
P  A  I  A  I  P  Ó  T  U  N  K  X  A  I  L  T
F  U  N  M  S  U  S  A  D  U  H  Y  I  V  W  R
T  W  W  T  C  J  L  W  L  N  X  K  G  I  S  R
D  A  T  R  A  T  A  D  X  J  A  U  Ó  L  D  O
G  M  O  Z  I  S  T  S  A  U  I  T  L  Á  J  B
A  L  K  E  R  E  Z  S  Y  G  E  V  O  G  L  B
L  A  Y  F  M  E  D  T  Ó  G  I  R  N  M  H  A
A  K  B  O  L  Y  G  Ó  I  R  X  D  H  R  I  N
X  O  Ö  V  O  H  Z  O  Z  K  F  E  C  D  K  Á
I  T  J  N  A  V  L  O  Ú  R  U  V  E  K  T  S
S  O  M  W  Y  J  J  G  L  X  J  S  T  Ű  Z  O
O  B  T  C  K  V  A  D  L  V  M  N  D  S  F  X
D  O  H  J  V  K  E  A  I  P  O  T  S  Y  D  F
W  R  V  Z  W  M  R  K  I  H  D  O  P  R  L  B
F  U  T  U  R  I  S  Z  T  I  K  U  S  W  V  E
```

ATOMI	GALAXIS
KÖNYVEK	ILLÚZIÓ
VEGYSZEREK	REJTÉLYES
MOZI	JÓSLAT
DYSTOPIA	BOLYGÓ
ROBBANÁS	ROBOTOK
FANTASZTIKUS	TECHNOLÓGIA
TŰZ	UTÓPIA
FUTURISZTIKUS	VILÁG

59 - Geometry

```
M  Á  T  Ö  M  E  G  M  P  W  T  V  W  V  E  H
E  M  T  A  R  Á  N  Y  Á  X  E  X  C  Í  G  V
D  C  X  M  T  T  R  F  R  Y  J  P  A  Z  Y  S
I  M  D  Z  É  J  W  Y  H  W  E  C  P  S  E  B
Á  B  A  P  M  R  G  O  U  X  N  N  Y  Z  N  L
N  Z  F  G  C  V  Ő  E  Z  S  L  Ó  G  I  L  G
D  G  A  H  A  F  O  Y  A  C  G  I  L  N  E  K
W  Ö  W  M  N  S  N  E  M  G  E  Z  S  T  T  L
S  Z  Á  M  G  Á  S  O  O  E  Z  N  J  E  J  O
J  S  X  T  Z  T  K  Á  S  F  L  E  B  S  J  G
U  M  X  C  Í  Í  U  W  G  E  G  M  D  G  C  I
G  O  Y  A  V  M  H  V  Ö  L  K  I  É  L  Z  K
E  R  Y  L  N  Á  J  S  Z  Ü  M  D  A  L  C  A
W  Á  C  M  O  Z  W  R  S  L  T  T  G  H  E  J
O  H  N  J  Y  S  E  C  W  E  Z  E  E  H  Z  T
K  Ö  R  G  A  R  A  I  R  T  E  M  M  I  Z  S
```

SZÖG	TÖMEG
SZÁMÍTÁS	MEDIÁN
KÖR	SZÁM
ÍV	PÁRHUZAMOS
ÁTMÉRŐ	ARÁNY
DIMENZIÓ	SZEGMENS
EGYENLET	FELÜLET
MAGASSÁG	SZIMMETRIA
VÍZSZINTES	ELMÉLET
LOGIKA	HÁROMSZÖG

60 - Creativity

```
K Y R H R H G O H R O F I K R Z
É U Z A P I T F W Ó H G S H É D
S F V W G T K Ó I Z Í V I M W P
Z G S T C E I M T O P F N D M É
S Á J G V L F K E T E L T Ö U R
É S H Á O E E Z I L F Ó E F U Z
G Y L S H S J S Z Á W I N C I E
I N N S U S E K S V Y C Z T N L
J O Á O I É Z L É H N Á I P T M
É K T G K G É F V P N Z T I U E
L É N Á X É S C Ű Z Z N Á V Í K
E Y O L Z S L Z M S Z E S P C L
T L P I F D R Á M A I Z L Y I T
E O S V Y E H J L O S S R E Ó N
R F I B M K M J E A X A O C T K
Ő X G P Z V T R G F T E L H I A
```

MŰVÉSZI	KÉPZELET
HITELESSÉG	IHLET
VÁLTOZÓ	INTENZITÁS
VILÁGOSSÁG	INTUÍCIÓ
DRÁMAI	TALÁLÉKONY
ÉRZELMEK	SZENZÁCIÓ
KIFEJEZÉS	KÉSZSÉG
FOLYÉKONYSÁG	SPONTÁN
ÖTLETEK	VÍZIÓK
KÉP	ÉLETERŐ

61 - Airplanes

```
Z  B  Y  Z  V  W  E  S  K  L  C  O  C  Ü  B  U
K  C  F  Y  M  N  B  Z  S  E  F  M  P  Z  Z  F
J  R  L  J  B  L  F  T  Z  G  G  E  H  E  F  P
M  O  T  O  R  W  E  B  Á  É  V  L  L  M  L  R
K  A  L  A  N  D  K  F  R  N  J  E  O  A  E  O
J  O  Ő  K  P  R  X  C  M  Y  C  N  C  N  S  P
N  É  G  O  R  D  I  H  A  S  U  É  W  Y  Z  E
W  F  E  É  T  Y  S  H  Z  É  C  T  R  A  Á  L
P  O  V  V  O  B  H  A  Á  G  O  R  A  G  L  L
F  I  E  N  Z  V  K  I  S  W  L  Ö  D  S  L  E
N  O  L  L  A  B  N  W  G  G  S  T  F  É  Á  R
E  S  Y  Ó  L  É  G  K  Ö  R  R  M  H  T  S  E
W  W  N  B  T  T  E  R  V  E  Z  É  S  Í  Z  K
R  G  Á  S  S  A  G  A  M  V  J  V  H  P  T  U
K  H  R  L  C  D  E  A  I  Z  T  N  Y  É  E  G
G  A  I  C  N  E  L  U  B  R  U  T  G  N  F  E
```

KALAND	ÜZEMANYAG
LEVEGŐ	MAGASSÁG
LÉGKÖR	TÖRTÉNELEM
BALLON	HIDROGÉN
ÉPÍTÉS	LESZÁLLÁS
LEGÉNYSÉG	UTAS
SZÁRMAZÁS	PILÓTA
TERVEZÉS	PROPELLEREK
IRÁNY	ÉG
MOTOR	TURBULENCIA

62 - Ocean

```
C L D U G W S K T K O Y J U L B
I S J A V H Y Z R H O T S M T K
Z M A H N F Z T C F U R C D H G
K T M Z X K W J P R N I A P Á C
Z Á T O N Y R V I H A R V L P T
V G S G L Y T A L P Z Á I O L E
K V J B S P J F O C Ú N Z M T K
Á R Á K U I I G P A D Í S P U N
R O S Z T R I G A N E H B B U Ő
A N G O L N A G N O M R I Á J S
L G I C S C H D O G Y B V L F C
É T C F H V Á R A P Á L Y N S R
N R L U L A H N O T H A L A W Ó
R A L G A E B S M B L A I X X P
A F L P G M D D I V L K E L S T
G C B G J V G W O B M O W Y D K
```

ALGA	SÓ
KORALL	HÍNÁR
RÁK	CÁPA
DELFIN	GARNÉLARÁK
ANGOLNA	SZIVACS
HAL	VIHAR
MEDÚZA	ÁRAPÁLY
POLIP	TONHAL
OSZTRIGA	TEKNŐS
ZÁTONY	BÁLNA

63 - Force and Gravity

```
Z T Z V X L O Z C T D T G F H D
S E B E S S É G M Á B U E P H I
É S P M J H F J H V K L N K C N
Z S Á D Ó L R Ú S O B A E K D A
E Á L B X T J X R L S J R S W M
D T Y O R N G W V S É D Á G L I
E A A J E O Y S B Á D O L P S K
F H L W H P L O U G E N N I B U
L J B P I Z E W M G K S I P D S
E B C O D Ö G F N Á Z Á L F C Ő
F P F B T K N O Z S S G Z E X E
F D R U K B E M D Y E O V S O I
F I Z I K A T C M G J K R Ú U K
E G Y E T E M E S A R A Z L U B
M E C H A N I K A N E U C Y W B
F B N C K G N D R M T K H P J H
```

TENGELY	PÁLYA
KÖZPONT	FIZIKA
FELFEDEZÉS	NYOMÁS
TÁVOLSÁG	TULAJDONSÁGOK
DINAMIKUS	SEBESSÉG
TERJESZKEDÉS	IDŐ
SÚRLÓDÁS	GENERÁLNI
HATÁS	EGYETEMES
NAGYSÁG	SÚLY
MECHANIKA	

64 - Birds

```
F G R V E E S A S E E L G Z E E
L W K H G T I F Z A G S N L Y C
A B I L E K R I S C M T D C D B
M Y R O N K A F J D S T R U C C
I D L G V U V C M N Á K I L E P
N B U Ó L K Á C S Ú J R A V B N
G K J Á G A P A P A O B T E P O
Ó T N U I K B R Ú Y T T A H O H
Z W G Y Z P B P R L I M L V Y P
X R S T L I É D N Á G U X Z J I
O O W W G N R X G R É C A B B H
I E R J O G E Á A I M M W N M E
O L P N J V V C N S O C I C B D
H A R T J I B H U A V H L C H G
R N R Y J N Á K U T K S P L Y G
U O C T O S I T C S B Y S R L N
```

KANÁRI	GÉM
CSIRKE	STRUCC
VARJÚ	PAPAGÁJ
KAKUKK	PÁVA
KACSA	PELIKÁN
SAS	PINGVIN
TOJÁS	VERÉB
FLAMINGÓ	GÓLYA
LIBA	HATTYÚ
SIRÁLY	TUKÁN

65 - Nutrition

```
D I C J N K O S Á K O Z S Y I G
T I Y Y J A A J T Y O Í K V H E
Á M É Z U V N L B T I Z D Z D S
P T P T M T K P Ó U Y W T M Z X
A N C Y A A U S Ű R E S E K N E
N I X O T G A I Z R I A M Y T Z
Y E F E H É R J É K L A I I R G
A R E É S Z É N H I D R Á T O K
G J M T E V I T A M I N J N H M
D E É V N G E H E T Ő I V M N I
M S S Á N T É S B U F G H Y J N
U Z Z G U A L S F C T X A J K Ő
A T T Y L Ú S J Z S Z Ó S Z S S
A É É G G S E G É S Z S É G E É
R S S T L N N Y Y G É A E P K G
F O L Y A D É K O K J G M B N D
```

ÉTVÁGY	EGÉSZSÉG
KESERŰ	EGÉSZSÉGES
KALÓRIA	FOLYADÉKOK
SZÉNHIDRÁTOK	TÁPANYAG
DIÉTA	FEHÉRJÉK
EMÉSZTÉS	MINŐSÉG
EHETŐ	SZÓSZ
ERJESZTÉS	TOXIN
ÍZ	VITAMIN
SZOKÁSOK	SÚLY

66 - Hiking

```
E  P  O  Ú  T  M  U  T  A  T  Ó  K  N  A  P  G
W  J  R  T  S  G  R  S  Z  Ú  N  Y  O  G  O  K
R  C  I  A  É  Y  W  V  Í  Z  É  H  E  N  H  H
L  I  E  L  T  R  L  K  E  Y  L  É  Z  S  E  V
H  C  N  J  Í  Y  K  L  E  H  E  G  Y  G  C  D
R  R  T  A  Z  D  O  É  D  M  H  H  U  O  S  U
P  K  Á  H  S  U  K  N  P  O  P  J  V  A  I  A
D  D  C  G  É  R  R  N  A  N  Y  I  R  E  Z  I
B  H  I  É  K  K  A  L  K  I  Z  S  N  N  M  F
K  G  Ó  X  Ő  O  P  V  A  D  F  N  K  G  A  X
F  J  F  C  L  T  E  R  M  É  S  Z  E  T  B  M
H  Á  A  O  E  A  R  J  X  A  V  J  V  F  Z  G
G  W  R  H  Z  L  K  C  R  X  G  Y  Ö  S  D  F
B  F  U  A  Z  L  B  X  Y  L  B  U  K  L  A  W
M  A  G  A  D  Á  R  T  H  T  H  U  C  I  Z  S
V  U  E  P  Y  T  X  H  F  E  C  C  U  U  G  L
```

ÁLLATOK	HEGY
CSIZMA	TERMÉSZET
KEMPING	ORIENTÁCIÓ
SZIKLA	PARKOK
ÉGHAJLAT	ELŐKÉSZÍTÉS
ÚTMUTATÓK	KÖVEK
VESZÉLYEK	NAP
NEHÉZ	FÁRADT
TÉRKÉP	VÍZ
SZÚNYOGOK	VAD

67 - Professions #1

```
T  Ü  G  Y  V  É  D  S  W  D  É  C  L  L  X  Á
Z  E  V  B  S  E  H  Z  P  W  K  S  D  O  N  P
O  Á  N  S  A  T  C  A  P  N  S  I  W  R  N  O
N  L  U  G  Z  J  F  B  C  U  Z  L  E  V  M  L
G  L  J  P  E  E  H  Ó  B  I  E  L  B  O  R  Ó
O  A  L  U  V  R  R  A  L  I  R  A  H  S  Á  N
R  T  Z  G  M  K  É  K  X  H  É  G  A  R  K  M
I  O  E  E  E  R  A  S  E  V  S  Á  G  W  N  V
S  R  N  E  D  O  E  E  Z  S  Z  S  Á  D  A  V
T  V  É  T  A  C  L  L  T  Z  Z  Z  C  X  B  A
A  O  S  H  X  V  O  Ó  O  P  W  T  E  D  Z  Ő
Z  S  Z  Z  U  W  I  C  G  W  L  X  Ő  V  J  K
N  A  G  Y  K  Ö  V  E  T  U  T  Á  N  C  O  S
T  Ű  Z  O  L  T  Ó  F  C  B  S  G  I  H  I  V
P  S  Z  I  C  H  O  L  Ó  G  U  S  H  L  V  I
T  É  R  K  É  P  É  S  Z  E  Z  W  O  K  P  D
```

NAGYKÖVET	GEOLÓGUS
CSILLAGÁSZ	VADÁSZ
ÜGYVÉD	ÉKSZERÉSZ
BANKÁR	ZENÉSZ
TÉRKÉPÉSZ	ÁPOLÓ
EDZŐ	ZONGORISTA
TÁNCOS	PSZICHOLÓGUS
ORVOS	TENGERÉSZ
SZERKESZTŐ	SZABÓ
TŰZOLTÓ	ÁLLATORVOS

68 - Barbecues

```
W U P N K O Y H U N K X I P É D
Y B R Y V Y A V Z S Ó Z S N L G
N L K Á T Á L A S E S H Z G E C
P U E R W C C P P U N E Z Z L D
A H K E S É K G N D F E Ö B M C
R T E V A C S O R A L Z L A I B
A Z M K Y P O H B C N R D R S É
D G R I L L K J G M G C S Á Z H
I N E G P B F W I M O S É T E S
C U Y G Y H N O U E I A G O R É
S R G H L Ü X W R K A L E K T G
O O O N F O M C A R M Á K U V L
M U T F R J N Ö L I Ó D Y J V R
J Á T É K O K B L S Y X O C O I
V Z B N J B G C I C I N W Y F T
B B L J N E X D V R S I S F T Y
```

CSIRKE
GYERMEKEK
VACSORA
CSALÁD
ÉLELMISZER
VILLA
BARÁTOK
GYÜMÖLCS
JÁTÉKOK
GRILL

FORRÓ
ÉHSÉG
KÉSEK
ZENE
SALÁTÁK
SÓ
SZÓSZ
NYÁR
PARADICSOM
ZÖLDSÉGEK

69 - Chocolate

```
S  Ó  V  Á  R  G  Á  S  X  V  I  R  C  M  U  W
J  S  K  P  K  D  J  M  C  U  N  J  U  I  J  M
J  F  H  J  E  C  U  K  O  R  N  X  K  N  B  R
Ó  I  D  Z  S  U  K  Ó  K  N  H  L  O  Ő  J  T
U  N  F  Í  E  I  Z  X  X  D  I  X  R  S  Z  K
P  N  X  Z  R  N  N  S  R  O  F  F  K  É  R  B
O  E  S  H  Ű  M  K  S  X  R  H  R  A  G  M  A
T  C  U  V  A  U  S  R  E  W  Y  U  D  B  C  R
R  J  K  N  W  O  Ő  V  E  T  E  Z  S  S  Ö  O
Z  T  I  A  U  B  S  N  K  C  S  V  E  P  L  M
T  G  T  I  K  G  V  D  C  N  E  V  D  E  K  A
M  P  O  R  I  A  L  G  W  I  D  P  É  L  Z  E
X  E  Z  Ó  U  R  Ó  V  X  O  V  I  T  R  Y  G
U  M  G  L  L  E  M  A  R  A  K  H  N  L  G  N
C  R  E  A  A  N  T  I  O  X  I  D  Á  N  S  J
D  V  G  K  O  G  I  Z  P  H  K  N  J  V  Y  Y
```

ANTIOXIDÁNS	EGZOTIKUS
AROMA	KEDVENC
KESERŰ	ÖSSZETEVŐ
KAKAÓ	POR
KALÓRIA	MINŐSÉG
CUKORKA	RECEPT
KARAMELL	CUKOR
KÓKUSZDIÓ	ÉDES
SÓVÁRGÁS	ÍZ
FINOM	ENNI

70 - The Media

```
K E S É T E D R I H R D U O K A
O I A F K E Y N É T Á I I K I T
M G S I I Y G I R A D G J N A T
M Z I L T N E Y D O I I P Y D I
U B F M Y É A B É T Ó T R I Á T
N X O E L M W N L N N Á M L S Ű
I W R U V E H S S B I L L V O D
K A J P O L D Z G Z X I F Á W Ö
Á O K D K É L E P O Í S L N L K
C N É P T V E L K A C R R O W Y
I L P Z A I Y L O S R O O S G N
Ó I E O T P E E G D E X R Z W E
L N K G Á A K M Á F Z R E C Á W
W E P C S R X I S Z J C E I P S
H Á L Ó Z A T A J K B R N K G S
H T D K U T O X Ú H E L Y I O C
```

HIRDETÉSEK	EGYÉNI
ATTITŰDÖK	IPAR
KERESKEDELMI	SZELLEMI
KOMMUNIKÁCIÓ	HELYI
DIGITÁLIS	HÁLÓZAT
KIADÁS	ÚJSÁGOK
OKTATÁS	ONLINE
TÉNYEK	VÉLEMÉNY
FINANSZÍROZÁS	NYILVÁNOS
KÉPEK	RÁDIÓ

71 - Boats

```
A  D  K  H  L  E  O  H  N  J  H  Y  K  L  N  O
H  P  M  N  E  A  K  D  S  T  E  N  G  E  R  N
F  V  E  E  O  E  B  O  X  X  N  O  X  U  P  K
C  K  A  J  A  K  C  K  Y  F  V  G  Z  N  F  V
C  P  B  F  P  A  O  K  I  R  C  R  O  T  O  M
X  P  A  X  O  N  B  M  C  W  L  O  F  E  V  F
J  N  R  Y  B  Ó  R  Y  P  Ó  S  H  D  N  X  N
P  C  E  G  D  S  Á  L  R  O  T  I  V  G  A  Z
J  S  U  L  I  C  A  É  P  S  C  I  I  E  P  S
B  W  Y  N  Y  Ő  I  T  M  N  U  K  K  R  W  É
Ó  H  K  H  A  T  P  Ö  J  A  C  H  T  I  Z  R
J  D  I  L  U  N  E  K  W  V  G  I  W  R  I  E
A  N  B  Y  L  E  Á  L  E  G  É  N  Y  S  É  G
I  D  U  D  J  M  W  E  T  U  T  A  J  K  K  N
O  V  F  P  Z  S  S  Z  C  D  W  W  J  D  T  E
D  I  F  X  D  S  W  U  W  Ó  Y  L  O  F  V  T
```

HORGONY	ÁRBOC
BÓJA	TENGERI
KENU	ÓCEÁN
LEGÉNYSÉG	TUTAJ
DOKK	FOLYÓ
MOTOR	KÖTÉL
KOMP	VITORLÁS
KAJAK	TENGERÉSZ
TÓ	TENGER
MENTŐCSÓNAK	JACHT

72 - Activities and Leisure

```
K  Z  X  P  P  P  F  S  B  Z  A  H  C  H  P  T
J  O  J  W  W  P  R  Y  A  D  B  A  L  P  Ö  R
B  K  S  Á  Z  S  Ú  S  S  Á  Z  A  T  U  F  B
I  T  É  Á  Z  S  I  N  E  T  C  H  E  B  E  Ú
M  Ú  D  Z  R  L  O  Z  B  T  S  T  Z  D  S  V
U  R  E  Z  Z  L  A  O  A  O  Z  O  S  C  T  Á
H  Á  K  C  G  A  A  M  L  E  Ö  A  É  G  M  R
S  Z  Z  Z  N  B  H  B  L  Y  R  M  V  W  É  K
J  Á  S  D  I  T  K  X  D  B  F  S  Ű  R  N  O
N  S  É  W  P  U  F  E  H  A  Ö  L  M  M  Y  D
S  B  T  K  M  F  R  R  H  J  Z  R  O  Y  Z  Á
J  V  R  V  E  R  S  E  N  Y  É  A  K  G  A  S
V  T  E  K  K  H  O  B  B  I  S  G  L  E  E  V
I  C  K  H  A  L  Á  S  Z  A  T  B  O  K  S  Z
P  I  H  E  N  T  E  T  Ő  L  A  G  Z  C  D  A
J  J  Y  A  V  E  K  C  L  A  R  S  R  B  G  V
```

MŰVÉSZET
BASEBALL
KOSÁRLABDA
BOKSZ
KEMPING
BÚVÁRKODÁS
HALÁSZAT
KERTÉSZKEDÉS
GOLF
TÚRÁZÁS

HOBBI
FESTMÉNY
VERSENY
PIHENTETŐ
FUTBALL
SZÖRFÖZÉS
ÚSZÁS
TENISZ
UTAZÁS
RÖPLABDA

73 - Driving

```
M G A Y N A M E Z Ü N R K R G B
I Á V L O A O A L A G Ú T E Á S
E S T É U Ó T U A O L Y O N Z O
T N T Z K Z O H T Y E M I D U F
S O A S Y X R B O Ú T F R Ő N Ő
I T N E B X K K A M I O N R W R
J Z I V O O E G Z K U F S S K O
T I Z E M W R G A P B P A É F F
P B S G V Y É É Y R K F Y G E O
F É K E K M K S L A Á B N Y Z R
X C K R M B P S É G L Z T I S G
E Y D R Y B Á E D K Y O S T P A
R R K I É V R B E H A P G S J L
M O T O R T B E G X G Z B O W O
B A L E S E T S N V O A E W S M
V A R T Y U I U E E V B G I O D
```

BALESET	MOTOR
FÉKEK	MOTORKERÉKPÁR
AUTÓ	GYALOGOS
VESZÉLY	RENDŐRSÉG
SOFŐR	ÚT
ÜZEMANYAG	BIZTONSÁG
GARÁZS	SEBESSÉG
GÁZ	FORGALOM
ENGEDÉLY	KAMION
TÉRKÉP	ALAGÚT

74 - Biology

```
V U Z Y X U N O M R O H V N S X
O F T E J R É H E F Y X D P F D
E R X C D O G E D I B Z E R B S
P C C G Z S A M Ó Z S O M O R K
E M B V M Ő L L Ü H O G G E L C
K M I Z N E L B U Ó H S Y B Ó R
N M B F O T O S Z I N T É Z I S
O D A R V S K M E C O R N L C Ő
P Z G R I X E P A Á T E E L Ú L
O J M H S Ó O J E T S I U S L M
Z N T Ó K D K V T U Y A R F O E
J O S T Z F L L P M K N O I V P
C N Z V A I M Ó T A N A N O E Z
E T I F X B S N S L S Z M F N W
T E R M É S Z E T E S N M X A L
S Z I M B I Ó Z I S D C E J K Y
```

ANATÓMIA	MUTÁCIÓ
SEJT	TERMÉSZETES
KROMOSZÓMA	IDEG
KOLLAGÉN	NEURON
EMBRIÓ	OZMÓZIS
ENZIM	FOTOSZINTÉZIS
EVOLÚCIÓ	FEHÉRJE
HORMON	HÜLLŐ
EMLŐS	SZIMBIÓZIS

75 - Professions #2

```
G Ő S C R T B W Ó E P V V D I E
A T Ó L I P U I Z X Y R P U L N
Z S T M E O V S O V R O G P L Y
D E O T É F S X M L K O K C U E
A F F M G R X R O Z Ó B A I S L
G M C S C Á N P Y O L G S N Z V
B B Z O Z N O Ö N O Á R U B T É
J X S R Y A W E K L L Z F S R S
C D Ó Á E T U L W Ó A A Ó O Á Z
K E R T É S Z R O G T X Z V T A
P W Í V X Ó S C O U L K O R O Z
U N G Y Y J E E J S E P L O R P
S G Á N U A P E B J F A I G O X
B Z S Ö S H J X I É L M F O E C
E P J K A R U K N V S J E F U M
Z E Ú L Z Ű P L H E L Z Y W L T
```

ŰRHAJÓS
BIOLÓGUS
FOGORVOS
NYOMOZÓ
MÉRNÖK
GAZDA
KERTÉSZ
ILLUSZTRÁTOR
FELTALÁLÓ
ÚJSÁGÍRÓ

KÖNYVTÁROS
NYELVÉSZ
FESTŐ
FILOZÓFUS
FOTÓS
ORVOS
PILÓTA
SEBÉSZ
TANÁR
ZOOLÓGUS

76 - Mythology

```
B T E R E M T M É N Y V T D O H
X O Y P R W F O M A G I L N P A
M K S É T M E R E T H S A R X R
O E P S S A N C S M I E B Y I C
X F N J Z R F N Z V E L I S G O
A Z M N T Ú P M Ö I D K R E É S
F F T U Y T S J R L E E I R S S
Ó Ó D N A L A H N L L D N Ő Y M
R G P M D U B J Y Á M É T Z N T
T C Y C N K B F Y M E S U I E O
Z B I H E G T C V X K X S K K T
S B H X G M E N N Y D Ö R G É S
A F V Z E X Y T B V H V K K T F
T H T W L Z N K U V Ő N R H L I
A R C H E T Í P U S S S D Y É I
K E G É S N E T S I P J J J F P
```

ARCHETÍPUS	FÉLTÉKENYSÉG
VISELKEDÉS	LABIRINTUS
HIEDELMEK	LEGENDA
TEREMTÉS	VILLÁM
TEREMTMÉNY	SZÖRNY
KULTÚRA	HALANDÓ
ISTENSÉGEK	BOSSZÚ
KATASZTRÓFA	ERŐ
MENNY	MENNYDÖRGÉS
HŐS	HARCOS

77 - Agronomy

```
T  N  E  S  N  V  P  O  S  S  E  G  V  J  P  T
P  S  R  Z  H  Ö  P  X  C  A  B  K  S  T  P  E
M  W  Ó  E  H  S  V  G  T  I  H  R  R  T  O  R
L  L  Z  R  K  E  G  É  S  D  L  Ö  Z  Í  V  M
S  I  I  V  E  F  N  Y  N  Á  M  O  D  U  T  E
É  Y  Ó  E  M  Z  U  J  G  Y  G  N  K  G  Y  L
Z  N  Y  S  A  A  S  R  J  D  E  K  D  A  O  É
E  Á  K  O  G  E  O  I  L  T  O  K  S  Z  L  S
Y  M  E  X  O  X  S  U  M  J  G  N  H  D  L  S
N  L  Z  O  K  V  N  F  P  L  A  Y  G  Á  R  T
N  U  K  E  R  E  Z  S  D  N  E  R  T  L  V  D
E  N  E  R  G  I  A  C  J  B  G  L  L  K  I  S
Z  A  B  E  T  E  G  S  É  G  E  K  É  O  D  C
S  T  E  Z  E  Y  N  R  Ö  K  X  C  J  D  É  Y
K  Ö  K  O  L  Ó  G  I  A  K  R  H  Y  Á  K  Y
M  E  Z  Ő  G  A  Z  D  A  S  Á  G  Y  S  I  W
```

MEZŐGAZDASÁG	NÖVÉNYEK
BETEGSÉGEK	SZENNYEZÉS
ÖKOLÓGIA	TERMELÉS
ENERGIA	VIDÉKI
KÖRNYEZET	TUDOMÁNY
ERÓZIÓ	MAGOK
GAZDÁLKODÁS	TANULMÁNY
TRÁGYA	RENDSZEREK
ÉLELMISZER	ZÖLDSÉGEK
SZERVES	VÍZ

78 - Hair Types

```
N  Y  S  U  S  F  E  K  E  T  E  E  O  M  S  Y
E  D  S  M  Ú  Z  S  S  O  H  Y  G  V  I  Y  N
L  B  A  H  Z  K  Á  P  K  O  S  R  Ö  V  I  D
A  I  D  P  Y  F  W  R  S  Z  Ü  R  K  E  S  P
C  L  Z  N  U  G  T  Y  A  T  D  É  Ö  K  Z  W
N  X  C  J  R  H  P  I  Y  Z  V  H  T  Ő  Í  H
L  C  O  D  L  H  A  H  W  O  L  E  R  Z  N  U
E  G  É  S  Z  S  É  G  E  S  T  F  Ü  S  E  L
T  R  S  X  Z  O  L  T  P  D  G  H  F  E  S  L
O  K  Y  Y  N  C  T  T  T  M  T  D  G  Y  D  Á
K  F  U  U  G  Z  T  B  A  R  N  A  J  N  T  M
O  A  P  D  A  Ö  O  W  J  J  H  K  J  É  J  O
P  I  F  M  T  Y  N  O  K  É  V  P  W  F  W  S
A  H  I  P  S  R  O  D  I  J  H  L  T  J  X  N
S  J  F  D  A  R  F  J  Ö  O  D  Y  W  N  Z  Z
Z  Z  I  M  V  M  X  K  R  R  Ó  N  I  S  Z  U
```

KOPASZ	SZÜRKE
FEKETE	EGÉSZSÉGES
SZŐKE	HOSSZÚ
FONOTT	FÉNYES
ZSINÓR	RÖVID
BARNA	PUHA
SZÍNES	VASTAG
FÜRTÖK	VÉKONY
GÖNDÖR	HULLÁMOS
SZÁRAZ	FEHÉR

79 - Furniture

```
J  B  B  L  W  C  F  G  C  B  O  K  S  Z  É  K
A  R  M  O  I  R  E  U  P  H  P  O  Y  C  N  Y
I  G  W  W  O  T  L  E  T  K  A  M  V  E  S  G
J  W  U  M  A  T  R  A  C  O  X  Ó  N  X  I  E
F  S  X  L  I  T  O  J  O  C  N  D  L  H  G  Z
K  Ü  F  C  J  X  X  D  K  H  É  P  A  N  A  K
Ö  S  G  Y  G  Á  Ő  G  G  Ü  F  O  T  E  L  P
N  Z  P  G  B  K  V  N  T  Á  A  C  Z  I  L  Á
Y  Ő  A  L  Ö  Á  A  G  Ü  I  G  Y  S  B  M  R
V  N  P  T  T  N  M  M  K  W  X  Y  A  M  P  N
E  Y  L  P  X  R  Y  A  Ö  D  J  R  Ó  K  S  A
S  E  A  O  X  Á  T  Ö  R  P  B  D  R  S  N  O
P  G  N  L  K  P  F  C  K  E  T  S  Í  S  N  E
O  O  O  C  A  Z  L  C  C  B  L  Á  M  P  A  Y
L  G  K  O  R  N  J  O  U  W  Z  P  P  A  D  C
C  G  E  K  I  T  V  F  S  N  R  I  U  G  K  L
```

FOTEL	ÍRÓASZTAL
ARMOIRE	KOMÓD
ÁGY	FUTON
PAD	FÜGGŐÁGY
KÖNYVESPOLC	LÁMPA
SZÉK	MATRAC
PAPLANOK	TÜKÖR
KANAPÉ	PÁRNA
FÜGGÖNYÖK	SZŐNYEG
PÁRNÁK	POLCOK

80 - Garden

```
F  T  I  B  G  E  R  E  B  L  Y  E  U  E  E  G
O  V  B  N  O  E  U  X  K  G  J  X  K  Y  L  Y
K  P  W  F  X  K  T  F  D  V  B  J  X  L  V  O
E  T  Ö  M  L  Ő  O  Ű  F  D  W  M  X  D  T  M
R  B  M  M  J  F  Y  R  X  U  Z  Y  X  M  U  O
Í  G  Y  E  P  Ü  D  B  G  F  U  N  D  A  P  K
T  R  E  K  R  G  F  G  W  X  P  F  Z  K  X  T
É  N  K  L  W  G  G  Y  Ü  M  Ö  L  C  S  Ö  S
S  D  K  A  V  Ő  C  Á  N  R  O  T  P  C  G  E
S  H  T  P  K  Á  Y  F  R  U  P  T  F  A  S  Z
X  G  V  Á  N  G  R  X  O  I  F  I  X  V  B  J
W  F  A  T  P  Y  E  W  S  Z  V  O  L  A  R  T
F  A  D  R  H  Z  I  O  Z  S  A  R  E  T  E  V
E  T  B  L  Á  L  R  Y  Ő  E  B  G  Y  P  Z  F
V  R  X  T  S  Z  N  I  L  U  B  M  A  R  T  B
B  X  F  G  N  B  S  Z  Ő  K  R  H  E  Y  J  D
```

PAD	GYÜMÖLCSÖS
BOKOR	TAVACSKA
KERÍTÉS	TORNÁC
VIRÁG	GEREBLYE
GARÁZS	LAPÁT
KERT	TERASZ
FŰ	TRAMBULIN
FÜGGŐÁGY	FA
TÖMLŐ	SZŐLŐ
GYEP	GYOMOK

81 - Diplomacy

```
W S T I H K L I X N P I O H E N
V B E A T O I O G S O N G U G A
I U V I N R M E B Y L T Y M Y G
T O Ö C M Á O O G S I E W A Ü Y
A E K Á E G C L O V T G G N T K
W E Y M G L P S A K I R Á I T Ö
I T G O O O P H A U K I S T M V
S I A L L P W I K D A T S Á Ű E
P K N P D C B B B Ö Ó Á O R K T
O A E I Á O Z B L K Z S G I Ö S
L O T D S O W Y A O U Ö Á U D É
G Á S N O T Z I B R P N S S É G
Á W V V E U R P B M V F Z S S A
R J K Z Y D N X U Á R N A S É Z
I B S U T K I L F N O K G E P G
F E L B O N T Á S Y W L I Z X X
```

TANÁCSADÓ
NAGYKÖVET
POLGÁROK
POLGÁRI
KÖZÖSSÉG
KONFLIKTUS
EGYÜTTMŰKÖDÉS
DIPLOMÁCIAI
VITA
NAGYKÖVETSÉG

ETIKA
KORMÁNY
HUMANITÁRIUS
INTEGRITÁS
IGAZSÁGOSSÁG
POLITIKA
FELBONTÁS
BIZTONSÁG
MEGOLDÁS

82 - Countries #1

```
S  G  Á  Z  S  R  O  L  E  Y  G  N  E  L  P  B
P  O  L  N  B  X  T  Á  Í  S  M  N  B  E  A  R
A  E  E  É  V  P  K  G  G  B  T  J  Y  V  N  A
N  G  T  M  A  N  T  E  I  V  I  T  E  J  A  Z
Y  Y  T  E  X  B  Z  N  S  G  W  A  I  I  M  Í
O  I  O  T  M  O  H  E  E  F  G  L  T  D  A  L
L  P  R  O  A  G  Á  Z  S  R  O  N  N  I  F  I
O  T  S  R  D  I  O  S  D  M  B  S  D  V  T  A
R  O  Z  S  A  U  G  A  R  A  C  I  N  V  H  M
S  M  Á  Z  N  N  I  É  P  C  E  F  P  P  U  A
Z  S  G  Á  A  J  J  S  V  U  D  A  M  R  M  R
Á  G  T  G  K  G  Á  Z  S  R  O  Z  S  A  L  O
G  M  L  I  Z  R  A  E  L  I  O  R  P  S  O  K
V  E  N  E  Z  U  E  L  A  R  U  N  J  E  R  K
Y  N  P  S  W  X  N  C  Y  A  A  U  D  O  E  Ó
R  O  M  Á  N  I  A  T  A  K  I  T  D  R  L  J
```

BRAZÍLIA   MAROKKÓ
KANADA   NICARAGUA
EGYIPTOM   NORVÉGIA
FINNORSZÁG   PANAMA
NÉMETORSZÁG   LENGYELORSZÁG
IRAK   ROMÁNIA
IZRAEL   SZENEGÁL
OLASZORSZÁG   SPANYOLORSZÁG
LETTORSZÁG   VENEZUELA
LÍBIA   VIETNAM

83 - Adjectives #1

```
Ő  K  U  Y  R  V  E  P  L  S  Y  N  O  K  É  V
N  S  D  Z  I  O  V  G  E  Y  U  J  E  I  G  B
A  A  Z  H  F  N  U  M  Z  L  C  L  T  H  T  L
G  Z  H  I  O  Z  T  Ú  L  O  Z  S  B  A  É  L
Y  O  A  D  N  Ó  O  S  M  M  T  Z  F  L  P  Z
L  N  S  F  R  T  M  S  N  O  G  I  S  L  H  X
E  O  Z  O  E  S  E  A  J  K  Z  P  K  N  R  B
L  S  N  P  D  J  E  L  S  Ö  T  É  T  U  F  O
K  K  O  C  O  F  O  N  T  O  S  Y  S  Y  S  L
Ű  I  S  J  M  X  C  W  D  V  Z  A  Z  Y  E  D
S  A  M  B  I  C  I  Ó  Z  U  S  R  É  G  K  O
C  X  H  G  H  S  O  H  X  O  G  O  P  K  É  G
M  A  G  M  H  A  T  Z  D  H  K  M  D  H  T  G
E  H  K  H  O  A  G  E  H  A  D  Á  P  R  R  C
I  W  G  A  V  C  C  V  J  I  R  S  T  N  É  O
Z  X  M  Ű  V  É  S  Z  I  B  B  J  G  Y  V  R
```

ABSZOLÚT	NEHÉZ
AMBICIÓZUS	HASZNOS
AROMÁS	ŐSZINTE
MŰVÉSZI	AZONOS
VONZÓ	FONTOS
SZÉP	MODERN
SÖTÉT	KOMOLY
EGZOTIKUS	LASSÚ
NAGYLELKŰ	VÉKONY
BOLDOG	ÉRTÉKES

84 - Technology

```
S  Z  Á  M  Í  T  Ó  G  É  P  U  F  Z  G  L  P
U  V  E  T  Z  J  K  B  I  Z  T  O  N  S  Á  G
R  G  G  L  J  Á  F  É  O  Y  L  J  L  M  V  K
Í  N  I  G  I  B  L  X  P  T  G  G  W  P  Z  Y
V  U  Y  U  S  D  L  M  R  E  V  T  F  O  Z  S
V  I  R  T  U  Á  L  I  S  N  R  B  O  A  J  S
K  I  J  E  L  Z  Ő  A  U  R  O  N  L  W  E  T
Ü  L  U  M  C  W  K  D  P  E  Z  K  Y  O  O  A
S  Z  C  B  I  U  A  A  Í  T  R  U  A  Ő  G  T
C  V  E  H  O  E  M  T  T  N  U  T  B  Z  V  I
H  W  E  N  I  A  E  M  Ű  I  K  A  I  S  X  S
W  T  P  L  E  A  R  R  T  Y  O  T  D  É  C  Z
O  M  Y  V  W  T  A  P  E  A  M  Á  I  G  J  T
L  E  H  L  J  C  M  E  B  C  R  S  F  N  Y  I
C  D  I  G  I  T  Á  L  I  S  B  S  C  Ö  R  K
O  I  E  P  M  B  K  G  R  F  A  W  J  B  U  A
```

BLOG	BETŰTÍPUS
BÖNGÉSZŐ	INTERNET
BÁJT	ÜZENET
KAMERA	KUTATÁS
SZÁMÍTÓGÉP	KÉPERNYŐ
KURZOR	BIZTONSÁG
ADAT	SZOFTVER
DIGITÁLIS	STATISZTIKA
KIJELZŐ	VIRTUÁLIS
FÁJL	VÍRUS

85 - Global Warming

```
T  S  O  M  F  E  J  L  Ő  D  É  S  J  T  D  K
J  A  É  J  O  G  S  Z  A  B  Á  L  Y  O  K  Ö
Ö  R  P  G  M  W  W  A  H  W  N  O  I  U  T  R
V  K  O  H  H  V  Á  L  T  O  Z  Á  S  O  K  N
Ő  V  P  Ő  V  A  O  F  A  F  Z  A  U  W  S  Y
C  I  U  M  A  S  J  A  D  A  I  G  R  E  N  E
E  D  L  É  I  G  V  L  A  K  L  V  Y  L  Z  Z
R  É  Á  R  Z  Á  G  V  A  C  W  P  S  U  V  E
X  K  C  S  Ö  W  H  Z  V  T  T  S  Ó  D  U  T
L  I  I  É  K  Ó  I  C  Á  R  E  N  E  G  V  I
F  I  Ó  K  T  P  P  S  J  D  N  B  J  A  Á  R
G  U  K  L  E  E  A  V  G  L  P  Z  G  O  L  G
C  K  L  E  Z  V  R  K  H  A  L  X  X  G  S  R
G  Y  J  T  M  E  L  E  Y  G  I  F  W  X  Á  O
S  G  F  R  E  U  X  T  E  B  L  W  N  Z  G  O
U  C  F  Y  N  Á  M  R  O  K  S  H  H  L  Z  G
```

SARKVIDÉKI	GÁZ
FIGYELEM	GENERÁCIÓK
VÁLTOZÁSOK	KORMÁNY
ÉGHAJLAT	IPAR
VÁLSÁG	NEMZETKÖZI
ADAT	JOGSZABÁLYOK
FEJLŐDÉS	MOST
ENERGIA	POPULÁCIÓK
KÖRNYEZETI	TUDÓS
JÖVŐ	HŐMÉRSÉKLET

86 - Landscapes

```
T  M  N  F  B  E  T  N  J  U  F  P  R  M  R  J
E  N  L  D  R  H  Z  M  Z  H  F  R  Í  K  K  É
N  F  V  I  P  E  H  Ó  B  F  C  J  Z  Z  G  G
G  L  V  U  N  S  X  Y  G  L  Ö  V  J  K  L  H
E  C  Ó  S  L  F  É  L  S  Z  I  G  E  T  E  E
R  R  T  C  U  K  W  O  I  F  G  C  G  V  C  G
R  L  G  T  E  O  Á  F  Z  O  G  P  L  Í  C  Y
U  N  D  G  B  Á  Y  N  Á  Z  R  U  R  Z  S  V
V  P  R  G  P  P  N  T  O  C  T  Y  N  E  E  T
S  I  V  A  T  A  G  V  B  H  W  Z  F  S  R  B
B  W  S  G  A  I  S  V  K  Y  F  D  E  É  X  R
M  O  C  S  Á  R  S  Z  I  G  E  T  E  S  P  N
O  R  E  N  W  H  D  M  O  E  J  M  R  O  K  J
D  N  A  R  T  S  R  N  Y  H  Y  W  C  V  A  F
D  X  Y  Y  S  Z  S  Z  U  B  A  R  L  A  N  G
V  O  V  L  U  M  Z  B  Z  T  S  R  S  Z  X  W
```

STRAND	OÁZIS
BARLANG	ÓCEÁN
SIVATAG	FÉLSZIGET
GEJZÍR	FOLYÓ
GLECCSER	TENGER
DOMB	MOCSÁR
JÉGHEGY	TUNDRA
SZIGET	VÖLGY
TÓ	VULKÁN
HEGY	VÍZESÉS

87 - Plants

```
B  Y  F  L  B  M  N  K  E  R  A  F  K  W  U  S
O  A  F  O  N  O  S  V  A  Y  G  Á  R  T  A  Z
K  N  B  M  H  C  T  Y  G  K  B  O  G  Y  Ó  Á
O  Ö  G  B  V  U  F  A  W  A  T  E  R  D  Ő  R
R  V  Y  O  C  U  X  H  N  P  C  U  S  H  U  X
K  É  Ö  Z  I  O  M  O  R  I  Z  S  S  S  P  X
V  N  K  A  K  P  E  M  G  P  K  U  A  Z  O  N
B  Y  É  T  F  H  N  K  E  R  T  A  Z  M  I  Ö
M  V  R  U  B  C  K  A  V  B  S  U  P  T  S  V
V  I  L  D  P  Y  S  N  X  A  Z  B  L  K  J  É
I  L  Y  Z  J  L  I  P  C  M  O  V  F  F  Ű  N
N  Á  Y  T  S  O  R  O  B  B  I  B  B  H  T  Y
V  G  Á  R  I  V  K  X  P  U  L  P  E  E  A  Z
P  X  M  P  F  A  Y  J  U  S  O  S  Z  C  S  E
W  L  L  P  C  X  W  I  R  Z  Z  X  R  L  J  T
O  E  T  K  A  N  S  R  T  Y  F  C  H  J  X  E
```

BAMBUSZ	ERDŐ
BAB	KERT
BOGYÓ	FŰ
BOTANIKA	BOROSTYÁN
BOKOR	MOHA
KAKTUSZ	SZIROM
TRÁGYA	GYÖKÉR
NÖVÉNYVILÁG	SZÁR
VIRÁG	FA
LOMBOZAT	NÖVÉNYZET

88 - Boxing

```
K  P  D  J  S  U  F  Z  T  F  N  W  X  P  W  F
W  Ö  O  L  F  K  H  L  B  L  U  H  M  S  J  N
X  D  T  N  C  S  F  B  O  V  K  S  X  L  W  C
E  A  X  E  T  H  G  D  W  U  O  É  G  U  Y  P
R  Z  R  K  L  O  B  H  Z  C  B  L  B  U  I  P
Ő  L  A  K  K  E  K  E  S  É  L  Ü  R  É  S  U
Z  X  R  H  V  G  K  J  S  M  Ö  P  C  G  Á  R
D  R  K  S  A  R  O  K  L  F  K  É  M  F  L  Ú
E  G  I  H  M  K  M  H  G  A  Ö  L  I  V  L  G
L  Y  M  A  N  O  É  H  Z  Y  H  E  S  B  D  Á
L  O  E  R  F  D  Z  S  U  K  Ó  F  W  D  D  S
E  R  R  A  I  Ő  T  E  Z  E  V  K  É  T  Á  J
N  S  Ü  N  N  I  Z  S  X  S  S  T  P  S  Z  E
F  B  L  G  T  E  S  T  N  D  É  Z  H  T  Z  P
É  R  T  M  J  H  A  R  C  O  S  G  N  T  J  G
L  K  Ö  N  Y  Ö  K  K  E  S  Z  T  Y  Ű  A  T
```

HARANG	SÉRÜLÉSEK
TEST	RÚGÁS
ÁLL	ELLENFÉL
SAROK	PONTOK
KÖNYÖK	GYORS
KIMERÜLT	FELÉPÜLÉS
HARCOS	JÁTÉKVEZETŐ
ÖKÖL	KÖTELEK
FÓKUSZ	KÉSZSÉG
KESZTYŰ	ERŐ

89 - Countries #2

```
S  J  H  A  I  T  I  L  W  T  I  V  H  L  B  S
P  Z  A  I  P  Ó  I  T  E  I  O  Ó  H  V  W  Z
A  S  O  M  I  E  O  T  V  J  M  K  K  G  Y  U
K  O  O  M  A  I  N  Á  B  L  A  I  N  Á  D  D
I  A  X  F  Á  I  S  F  K  S  I  X  O  Z  W  Á
S  L  X  X  U  L  C  Z  T  Y  R  E  N  S  B  N
Z  B  L  F  W  Á  I  A  B  E  Í  M  A  R  H  I
T  E  A  C  Z  P  I  A  X  L  Z  D  B  O  V  P
Á  R  Y  U  E  E  C  B  O  A  S  C  I  Z  R  B
N  J  Y  I  G  N  I  B  U  N  R  F  L  S  M  M
J  A  P  Á  N  A  I  R  É  G  I  N  N  O  V  Z
D  D  G  C  F  E  N  G  N  B  K  C  W  R  O  S
B  V  A  S  H  B  O  D  F  E  N  O  A  O  O  Y
X  O  E  G  K  Z  D  E  A  N  J  A  R  K  U  R
G  Ö  R  Ö  G  O  R  S  Z  Á  G  U  O  P  Z  Z
L  I  B  É  R  I  A  P  G  B  B  N  X  H  D  F
```

ALBÁNIA	MEXIKÓ
DÁNIA	NEPÁL
ETIÓPIA	NIGÉRIA
GÖRÖGORSZÁG	PAKISZTÁN
HAITI	OROSZORSZÁG
JAMAICA	SZOMÁLIA
JAPÁN	SZUDÁN
LAOSZ	SZÍRIA
LIBANON	UGANDA
LIBÉRIA	UKRAJNA

90 - Ecology

```
Z  I  C  B  K  W  C  K  F  A  J  N  N  G  F  T
K  E  Y  G  E  H  G  G  F  I  K  Ö  Ö  L  E  E
T  Ö  C  W  C  U  P  I  U  F  L  V  V  O  N  R
A  E  Z  I  Z  W  W  V  S  I  U  É  É  B  N  M
É  P  R  Ö  L  L  V  E  D  N  V  N  N  Á  T  É
L  G  N  M  S  É  L  É  L  Ú  T  Y  Y  L  A  S
Ő  E  X  Ö  É  S  U  R  R  V  A  V  Z  I  R  Z
H  Z  H  W  V  S  É  O  H  G  L  I  E  S  T  E
E  K  R  Y  G  É  Z  G  U  U  J  L  T  K  H  T
L  O  G  N  T  A  N  E  E  F  A  Á  U  P  A  E
Y  S  A  O  A  R  U  Y  T  K  H  G  D  M  T  S
L  Á  O  I  R  E  G  N  E  T  G  G  V  O  Ó  B
Á  R  X  O  T  X  I  I  M  K  É  V  A  C  B  C
Z  R  Ö  N  K  É  N  T  E  S  E  K  U  S  I  M
S  O  K  F  É  L  E  S  É  G  Y  N  H  Á  F  U
A  F  G  C  E  F  A  U  N  A  W  V  W  R  M  E
```

ÉGHAJLAT	HEGYEK
KÖZÖSSÉGEK	TERMÉSZETES
SOKFÉLESÉG	TERMÉSZET
ASZÁLY	NÖVÉNYEK
FAUNA	FORRÁSOK
NÖVÉNYVILÁG	FAJ
GLOBÁLIS	TÚLÉLÉS
ÉLŐHELY	FENNTARTHATÓ
TENGERI	NÖVÉNYZET
MOCSÁR	ÖNKÉNTESEK

91 - Adjectives #2

```
S H D M N C G P T E R V I H J H
Z I V L S M K X E P W Y X I R Í
Á T A N K E V É R L O D I R S R
R E D S U H G R M F J D J H Z E
A L Y H O W T D E E K Z S Ü B S
Z E L M B N M E L L Y U Y P F W
I S S S I O G K Ő E W K R I M J
S E H É F Y Ú E H L S H P N F I
K Ó R R O F J S T Ő I G X C E S
V R S N Á G E L E S P E Z D M G
Í Í A I Y T E H E T S É G E S B
T E R M É S Z E T E S Á L M O S
A L U H C Z C M H X X O X S B N
E W Z E R Ő S E G É S Z S É G E
R S S F V D O X U V P B U Z X V
K B I C S Y F H I V J W H G G V
```

HITELES	ÉRDEKES
KREATÍV	TERMÉSZETES
LEÍRÓ	ÚJ
SZÁRAZ	TERMELŐ
ELEGÁNS	BÜSZKE
HÍRES	FELELŐS
TEHETSÉGES	SÓS
EGÉSZSÉGES	ÁLMOS
FORRÓ	ERŐS
ÉHES	VAD

92 - Psychology

```
É  V  S  K  D  E  Z  P  X  P  U  K  O  M  L  Á
S  A  Z  M  A  I  P  Á  R  E  T  O  F  A  R  H
Z  L  E  Z  T  N  C  L  L  O  A  T  J  S  D  G
L  Ó  M  O  M  K  D  D  A  Z  B  A  X  É  G  Y
E  S  É  É  R  Z  E  L  M  E  K  L  J  R  Y  E
L  Á  L  N  D  B  D  X  S  R  E  O  É  E  F  R
É  G  Y  X  W  J  I  P  O  A  T  D  V  M  I  M
S  Ó  I  C  Á  Z  N  E  Z  S  E  N  V  S  A  E
U  C  S  J  X  B  S  P  R  U  L  O  D  I  K  K
N  S  É  L  E  K  É  T  R  É  T  G  U  G  I  K
M  I  G  Z  D  Y  R  D  Y  P  Ö  H  I  E  N  O
T  U  D  A  T  A  L  A  T  T  I  É  N  M  I  R
K  O  N  F  L  I  K  T  U  S  L  D  N  B  L  T
T  A  P  A  S  Z  T  A  L  A  T  O  K  U  K  D
T  G  P  V  I  S  E  L  K  E  D  É  S  R  E  O
E  S  Z  M  É  L  E  T  L  E  N  T  G  P  Z  I
```

ÉRTÉKELÉS	ÖTLETEK
VISELKEDÉS	ÉSZLELÉS
GYERMEKKOR	SZEMÉLYISÉG
KLINIKAI	PROBLÉMA
MEGISMERÉS	VALÓSÁG
KONFLIKTUS	SZENZÁCIÓ
ÁLMOK	TUDATALATTI
ÉN	TERÁPIA
ÉRZELMEK	GONDOLATOK
TAPASZTALATOK	ESZMÉLETLEN

93 - Math

```
X  S  M  F  P  T  E  L  Ü  R  E  K  H  E  R  O
E  Z  M  E  G  O  Ö  M  O  A  R  F  S  G  U  W
J  Á  W  T  R  Z  L  R  H  G  G  M  Z  Y  S  D
Y  M  P  É  Á  Ő  B  I  E  C  N  J  Á  E  I  M
F  T  Á  G  G  H  L  N  G  D  C  G  M  N  R  G
S  A  R  L  U  Á  I  E  L  O  É  W  O  L  C  G
Z  N  H  A  S  R  H  L  G  O  N  K  K  E  A  G
Ö  S  U  L  N  O  E  V  E  E  Ő  V  E  T  I  K
G  G  Z  A  É  M  A  C  Z  W  S  H  W  H  R  O
E  C  A  P  G  S  B  Y  S  X  E  R  K  H  T  F
K  U  M  I  Y  Z  L  G  S  G  D  C  A  I  E  C
F  L  O  O  Z  Ö  T  J  Ö  H  E  E  X  C  M  A
E  P  S  X  E  G  O  F  C  C  Z  J  F  R  O  N
O  A  I  L  T  O  S  E  T  W  I  A  H  U  E  U
Á  T  M  É  R  Ő  J  M  F  W  T  U  W  D  G  G
S  Z  I  M  M  E  T  R  I  A  M  X  V  Y  X  L
```

SZÖGEK	PÁRHUZAMOS
SZÁMTAN	KERÜLET
TIZEDES	MERŐLEGES
FOK	POLIGON
ÁTMÉRŐ	SUGÁR
EGYENLET	TÉGLALAP
KITEVŐ	NÉGYZET
TÖREDÉK	ÖSSZEG
GEOMETRIA	SZIMMETRIA
SZÁMOK	HÁROMSZÖG

94 - Activities

```
B  R  B  K  I  K  A  P  C  S  O  L  Ó  D  Á  S
T  Á  N  C  V  A  R  R  Á  S  T  P  N  J  H  C
M  Y  G  E  E  P  G  N  I  P  M  E  K  A  A  K
B  Ö  T  Ú  R  Á  Z  Á  S  Ő  L  J  O  J  W  Y
K  E  R  T  É  S  Z  K  E  D  É  S  K  X  Y  P
G  D  F  Ö  H  G  B  E  Z  I  P  G  É  D  G  F
É  L  W  É  U  K  S  F  D  B  É  T  U  O  S
S  U  H  V  N  P  C  E  T  A  Z  S  Á  L  A  H
Y  U  G  E  K  Y  J  D  B  B  S  S  J  F  I  D
N  T  I  E  O  M  K  R  D  A  J  E  U  G  M  O
E  Z  B  Z  Y  L  L  É  P  Z  B  V  U  V  Á  A
K  L  M  D  J  S  V  O  P  S  U  Ű  Y  M  R  G
É  H  H  E  P  V  V  A  K  E  F  M  B  Á  E  R
V  A  D  Á  S  Z  A  T  S  V  Z  Z  T  G  K  P
E  K  É  S  Z  S  É  G  H  Á  F  É  C  I  Z  T
T  E  Z  S  É  V  Ű  M  L  H  S  K  S  A  J  M
```

TEVÉKENYSÉG	VADÁSZAT
MŰVÉSZET	ÉRDEKEK
KEMPING	SZABADIDŐ
KERÁMIA	MÁGIA
KÉZMŰVESSÉG	FÉNYKÉPEZÉS
TÁNC	ÖRÖM
HALÁSZAT	OLVASÁS
JÁTÉKOK	KIKAPCSOLÓDÁS
KERTÉSZKEDÉS	VARRÁS
TÚRÁZÁS	KÉSZSÉG

95 - Business

```
O  S  L  O  E  K  Ó  D  A  Z  O  D  A  F  K  V
W  K  D  T  U  L  T  O  T  U  N  C  L  S  Ö  Á
G  J  F  U  I  T  A  D  O  R  I  V  K  V  L  L
Y  Ü  Z  L  E  T  T  D  P  L  C  Y  A  A  T  L
Á  X  S  R  A  V  L  M  Á  É  H  G  L  L  S  A
R  T  I  J  Z  Y  Á  U  N  S  N  Ü  M  U  É  L
E  T  M  F  E  P  K  I  M  Á  I  Z  A  T  G  A
S  O  W  D  P  O  N  W  B  Z  F  N  Z  A  V  T
Z  L  L  U  N  B  U  H  A  Á  L  É  O  J  E  L
D  S  O  H  N  L  M  R  P  H  P  P  T  A  T  F
E  K  A  R  R  I  E  R  Á  U  C  Z  T  W  É  O
N  S  Y  A  Z  A  J  J  H  R  H  N  C  E  S  U
E  M  J  M  P  F  G  É  S  E  R  E  Y  N  Y  M
M  E  L  E  D  E  V  Ö  J  B  J  K  C  B  Z  M
K  E  D  V  E  Z  M  É  N  Y  I  T  Y  K  S  G
L  X  H  K  Ö  L  T  S  É  G  X  M  E  T  W  W
```

KÖLTSÉGVETÉS	JÖVEDELEM
KARRIER	BERUHÁZÁS
VÁLLALAT	MENEDZSER
KÖLTSÉG	ÁRU
VALUTA	PÉNZ
KEDVEZMÉNY	IRODA
ALKALMAZOTT	NYERESÉG
MUNKÁLTATÓ	ELADÁS
GYÁR	ÜZLET
PÉNZÜGY	ADÓK

96 - The Company

```
T  M  Ü  L  E  B  L  P  V  G  X  I  U  U  E  S
E  I  Z  E  G  O  E  I  K  S  Z  A  K  M  A  I
R  N  L  H  Y  R  T  R  N  I  W  K  L  D  U  L
M  Ő  E  E  S  R  É  H  U  H  T  O  T  Ö  W  Á
É  S  T  T  É  R  V  B  T  H  S  T  K  N  G  B
K  É  I  Ő  G  X  E  Z  R  Y  Á  A  O  T  P  O
C  G  I  S  E  B  B  I  E  A  T  Z  S  É  G  L
H  E  N  É  K  N  K  N  N  H  A  Á  Á  S  H  G
R  X  L  G  N  S  R  N  D  Y  T  K  R  S  V  D
N  B  Á  K  E  T  E  O  E  H  U  C  R  R  N  N
H  Í  R  N  É  V  A  V  K  P  M  O  O  V  F  V
V  W  E  I  P  B  T  A  M  F  E  K  F  M  W  U
B  X  N  R  P  S  Í  T  B  K  B  J  F  O  D  P
E  K  E  V  P  A  V  Í  H  A  L  A  D  Á  S  N
P  X  G  M  M  K  R  V  Y  X  G  A  Z  A  Z  M
U  M  O  B  G  T  Y  C  O  B  M  R  G  H  M  A
```

ÜZLETI	SZAKMAI
KREATÍV	HALADÁS
DÖNTÉS	MINŐSÉG
GLOBÁLIS	HÍRNÉV
IPAR	FORRÁSOK
INNOVATÍV	BEVÉTEL
BERUHÁZÁS	KOCKÁZATOK
LEHETŐSÉG	GENERÁLNI
BEMUTATÁS	TRENDEK
TERMÉK	EGYSÉGEK

97 - Literature

```
E E G O I V M Z O F T R I X E O
C S U L Í T S V O I R S M I O A
V Á É R A S É N K K U W J S X C
É R K L B G L M W C S Z E R Z Ő
L Í Ö M E C H Í A I Y N J Y E H
E E V E T T E R Y Ó T M N K L C
M L E T R G R L R L M Y D Ö E S
É U T A A B N A I F E N O L M P
N N K F G T A T J X S É R T Z Á
Y D E O É U L O K Z V G S Ő É R
T G Z R D B I D T K D E J I S B
P I T A I C R K U A A R R P E E
O I E D A G L E A R E O V S E S
R O T Á R R A N R I T M U S J Z
B I É W M I G A I G Ó L A N A É
A I S R B E L K J G C Z C I D D
```

ANALÓGIA
ELEMZÉS
ANEKDOTA
SZERZŐ
ÉLETRAJZ
KÖVETKEZTETÉS
LEÍRÁS
PÁRBESZÉD
FIKCIÓ
METAFORA

NARRÁTOR
REGÉNY
VÉLEMÉNY
VERS
KÖLTŐI
RÍM
RITMUS
STÍLUS
TÉMA
TRAGÉDIA

98 - Geography

```
D R H I A N M J D H B H Z H E D
M R G N Y T S T F Y F U G J P Z
O H Ó J T A L Z J S E P A M P U
J V C P V G J A I Y R C X T U S
C L E S U U S O S G Á Z S R O Z
T A Á F Ó Y L O F Z E L M Y U É
Y E N U Z N M X D J X T X X D L
G K N M D B A T É R K É P D K E
M E N G E S G Y D C O O K M O S
E T I Á E O A P B H W R J C N S
R L R L Y R S T E R Ü L E T T É
I É N I N Á S K D É L S L F I G
D F W V E V Á W H E G Y D M N X
I K I W G B G I Z L K R D N E Z
Á I U M W É S Z A K É D I V N R
N E O F Z L C E D C X C L O S M
```

MAGASSÁG	HEGY
ATLASZ	ÉSZAK
VÁROS	ÓCEÁN
KONTINENS	VIDÉK
ORSZÁG	FOLYÓ
FÉLTEKE	TENGER
SZIGET	DÉL
SZÉLESSÉG	TERÜLET
TÉRKÉP	NYUGAT
MERIDIÁN	VILÁG

99 - Jazz

```
K O B O D J R D E G X X A O I L
E O F V T N D A K I N H C E T X
C H N T E H E T S É G Z Í S C N
N A H C N M B K U B Z E R R L F
E N T R E R W M M P Y N Z O E W
V G W P Z R X I T P T E V J T S
D S P A B B T R I U G S A A É P
E Ú S T Í L U S R P H Z L Y T A
K L O A V R S W J Z Z E O D E T
H Y A E R É G I Ú X E R S Y Z S
Y X L A D D T K K J N Z X T S Y
T Z B L B F F U V O E Ő Y F S B
X V U E I N L J Y O K A L V Ö S
G I M M Ű V É S Z F A H V H Z V
S S Ó I C Á Z I V O R P M I R T
J U X J X Y T M I S F O C X A Y
```

ALBUM	IMPROVIZÁCIÓ
TAPS	ZENE
MŰVÉSZ	ÚJ
ZENESZERZŐ	RÉGI
ÖSSZETÉTEL	ZENEKAR
KONCERT	RITMUS
DOBOK	DAL
HANGSÚLY	STÍLUS
HÍRES	TEHETSÉG
KEDVENCEK	TECHNIKA

100 - Nature

```
R  E  S  C  C  E  L  G  C  A  S  D  S  G  H  M
I  J  I  D  C  N  R  O  Z  J  A  I  Z  V  A  É
S  I  V  A  T  A  G  D  Ö  K  R  N  É  O  V  H
L  A  N  V  Y  E  H  J  Ő  G  K  A  P  C  F  E
F  É  U  T  R  Ó  P  U  S  I  V  M  S  D  J  K
D  R  T  J  Z  O  I  J  E  H  I  I  É  D  J  X
S  M  A  F  K  M  S  Ű  R  E  D  K  G  U  D  R
Z  S  Z  E  O  R  Z  B  Ő  D  É  U  M  U  J  C
I  U  O  Y  T  N  J  D  Z  C  K  S  D  L  U  P
K  S  B  F  A  N  T  P  I  F  I  E  T  R  J  R
L  G  M  O  L  S  D  O  Ó  A  E  K  H  D  R  S
Á  F  O  W  L  K  D  B  S  K  Z  L  A  U  T  F
K  K  L  K  Á  L  R  A  É  S  Z  H  H  E  J  O
S  Z  E  N  T  É  L  Y  K  P  Á  A  M  Ő  V  L
F  H  X  M  V  J  C  N  É  D  M  G  I  T  K  Y
I  K  E  M  S  Z  Z  C  B  J  M  K  Ú  V  B  Ó
```

ÁLLATOK	LOMBOZAT
SARKVIDÉKI	ERDŐ
SZÉPSÉG	GLECCSER
MÉHEK	BÉKÉS
SZIKLÁK	FOLYÓ
FELHŐK	SZENTÉLY
SIVATAG	DERŰS
DINAMIKUS	TRÓPUSI
ERÓZIÓ	LÉTFONTOSSÁGÚ
KÖD	VAD

1 - Antiques

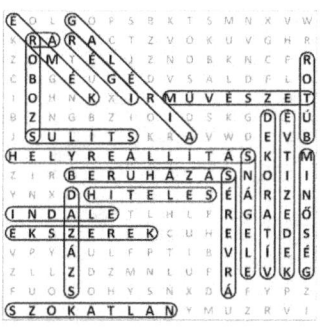

2 - Food #1

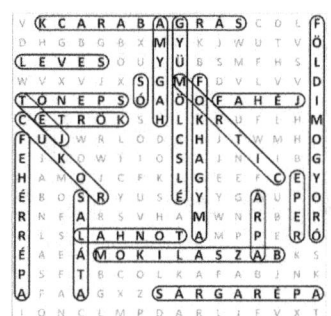

3 - Measurements

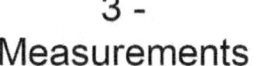
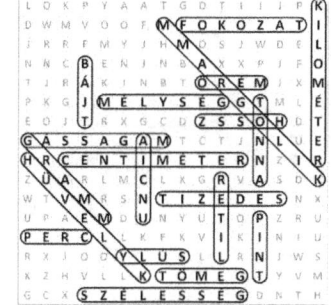

4 - Farm #2

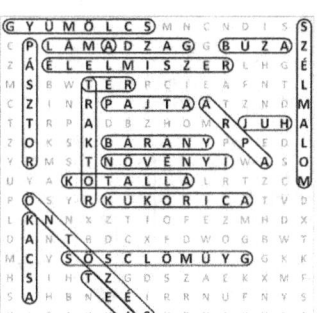

5 - Books

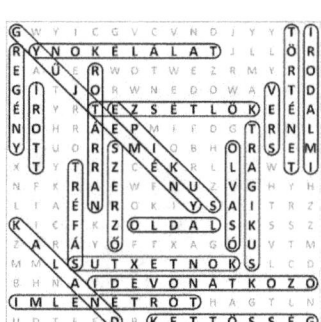

6 - Meditation

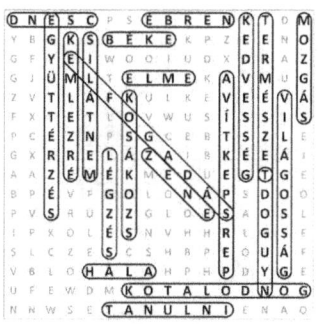

7 - Days and Months

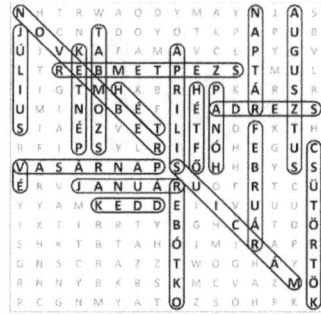

8 - Energy

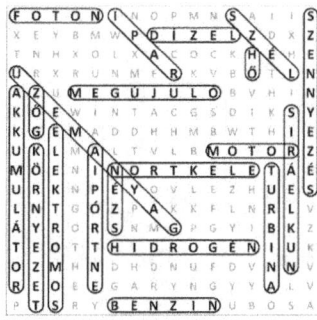

9 - Chess

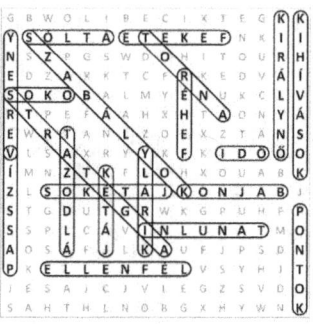

10 - Archeology

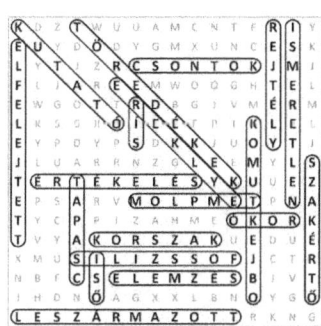

11 - Food #2

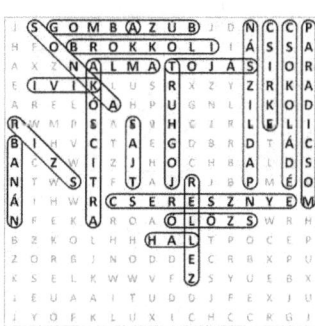

12 - Chemistry

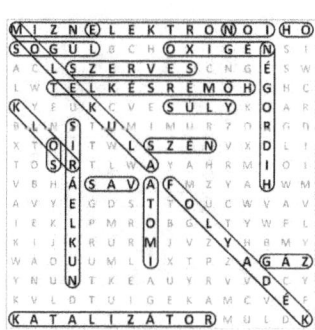

13 - Music

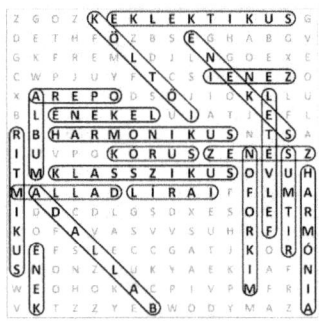

14 - Family

15 - Farm #1

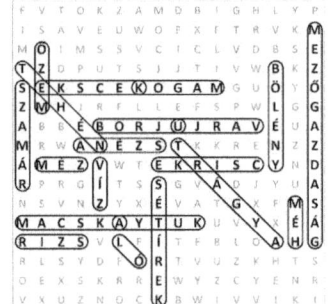

16 - Camping

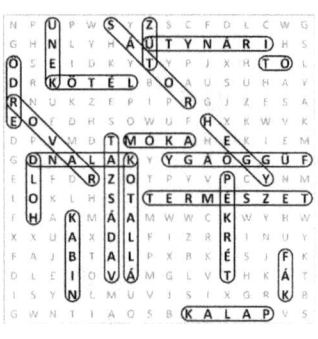

17 - Algebra

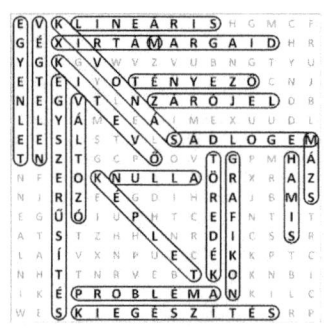

18 - Numbers

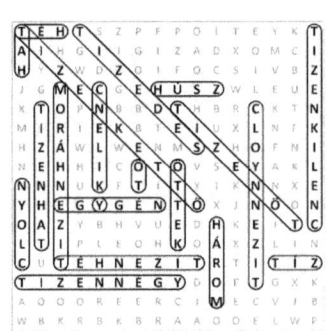

19 - Spices

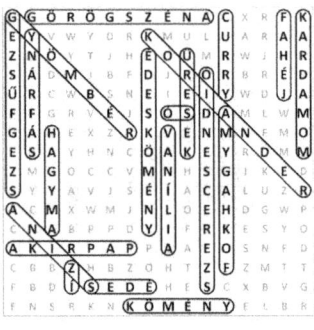

20 - Universe

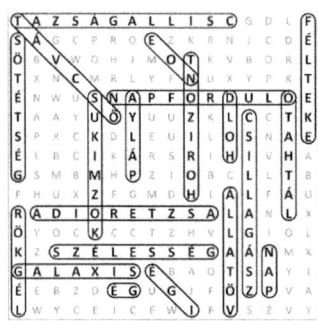

21 - Mammals

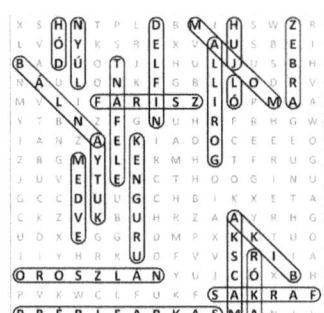

22 - Fishing

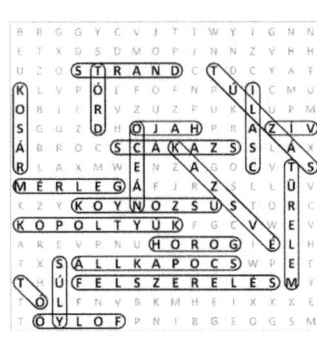

23 - Restaurant #1

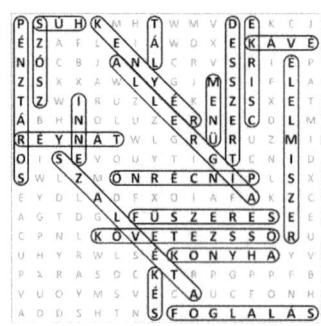

24 - Bees

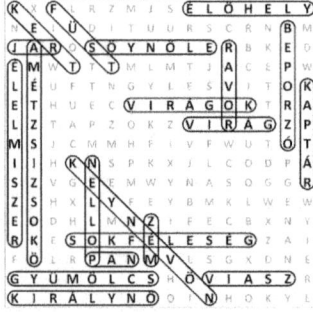

25 - Adventure

26 - Sport

27 - Restaurant #2

28 - Geology

29 - House

30 - Physics

31 - Coffee

32 - Shapes

33 - Scientific Disciplines

34 - Science

35 - To Fill

36 - Clothes

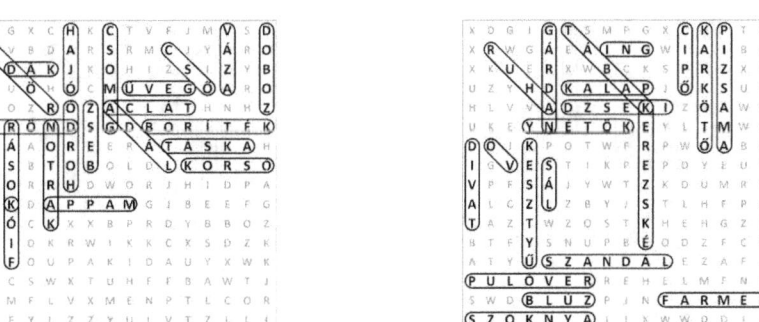

37 - Astronomy

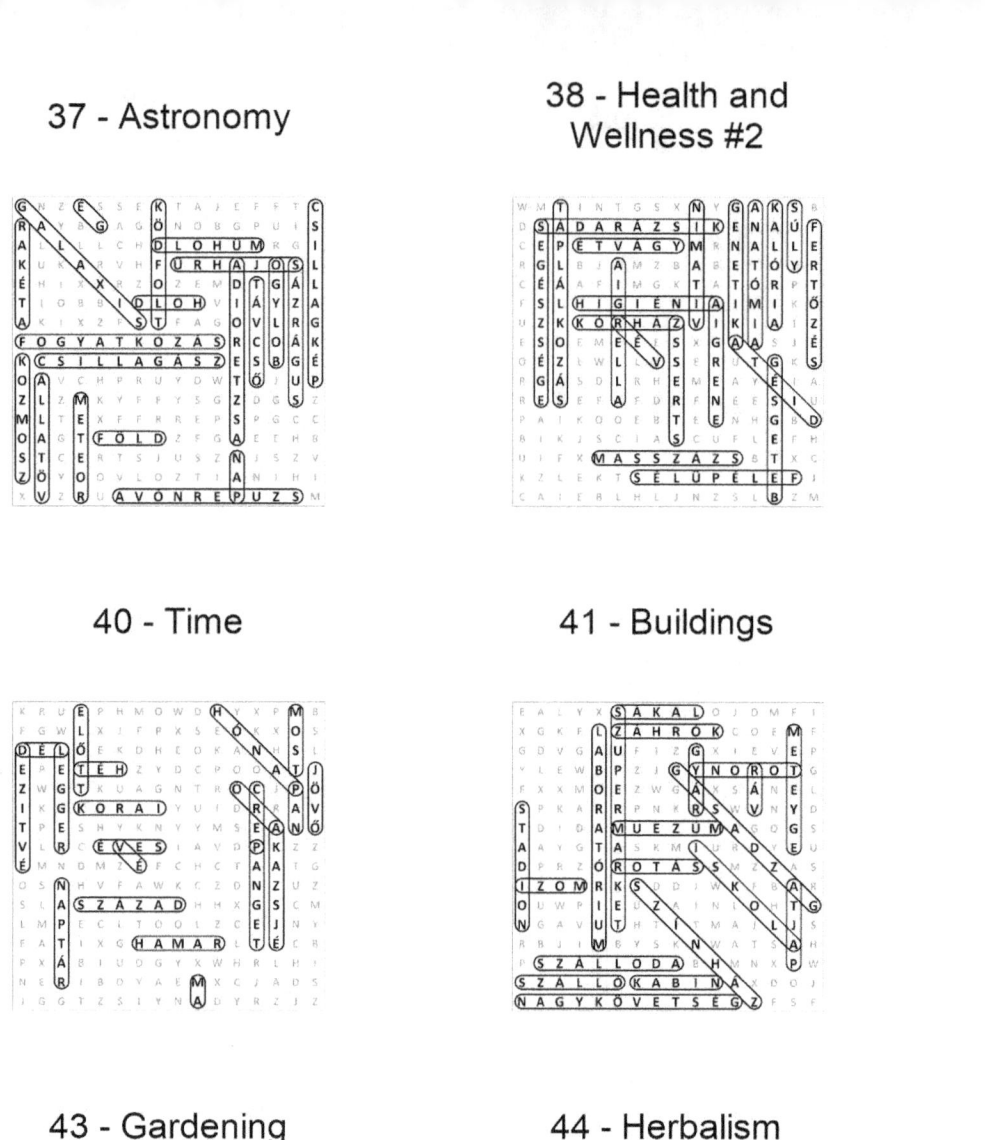

38 - Health and Wellness #2

39 - Disease

40 - Time

41 - Buildings

42 - Philanthropy

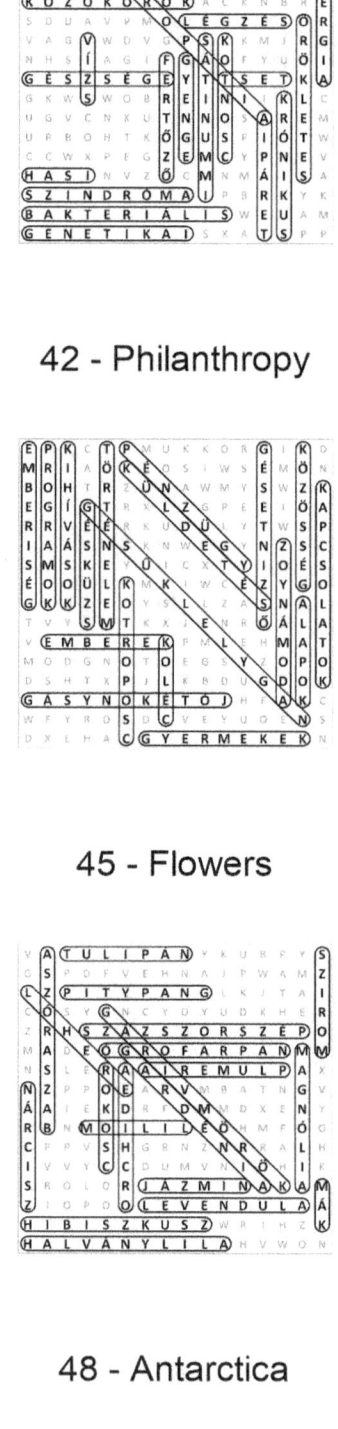

43 - Gardening

44 - Herbalism

45 - Flowers

46 - Health and Wellness #1

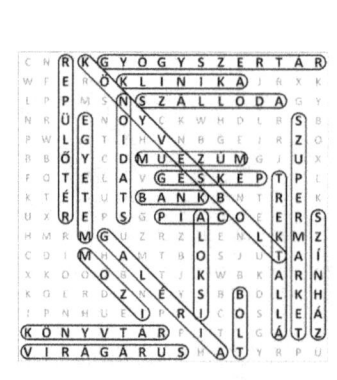

47 - Town

48 - Antarctica

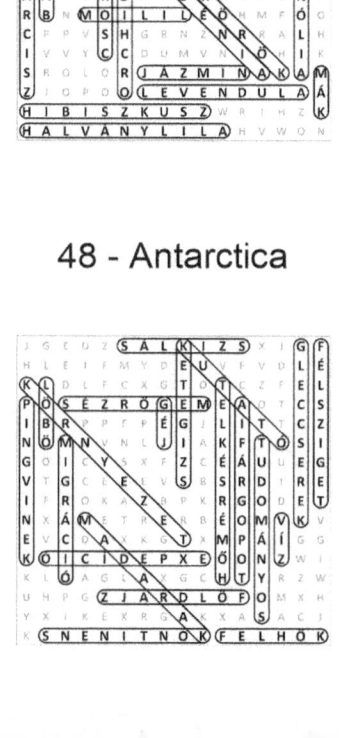

49 - Ballet

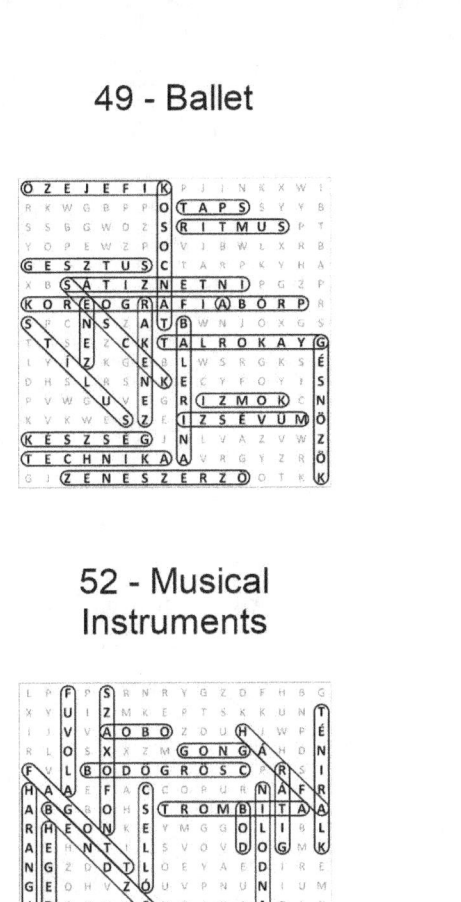

50 - Fashion

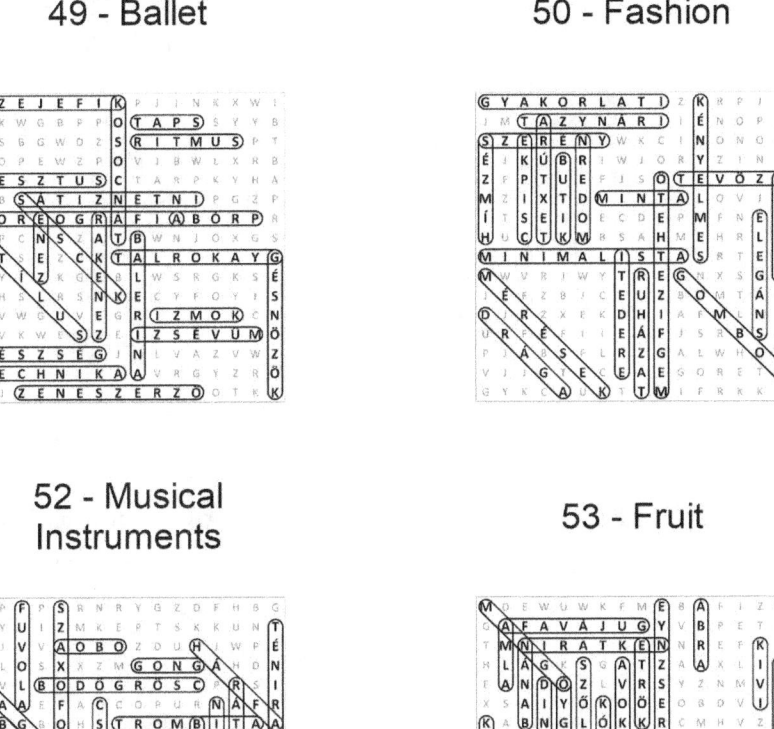

51 - Human Body

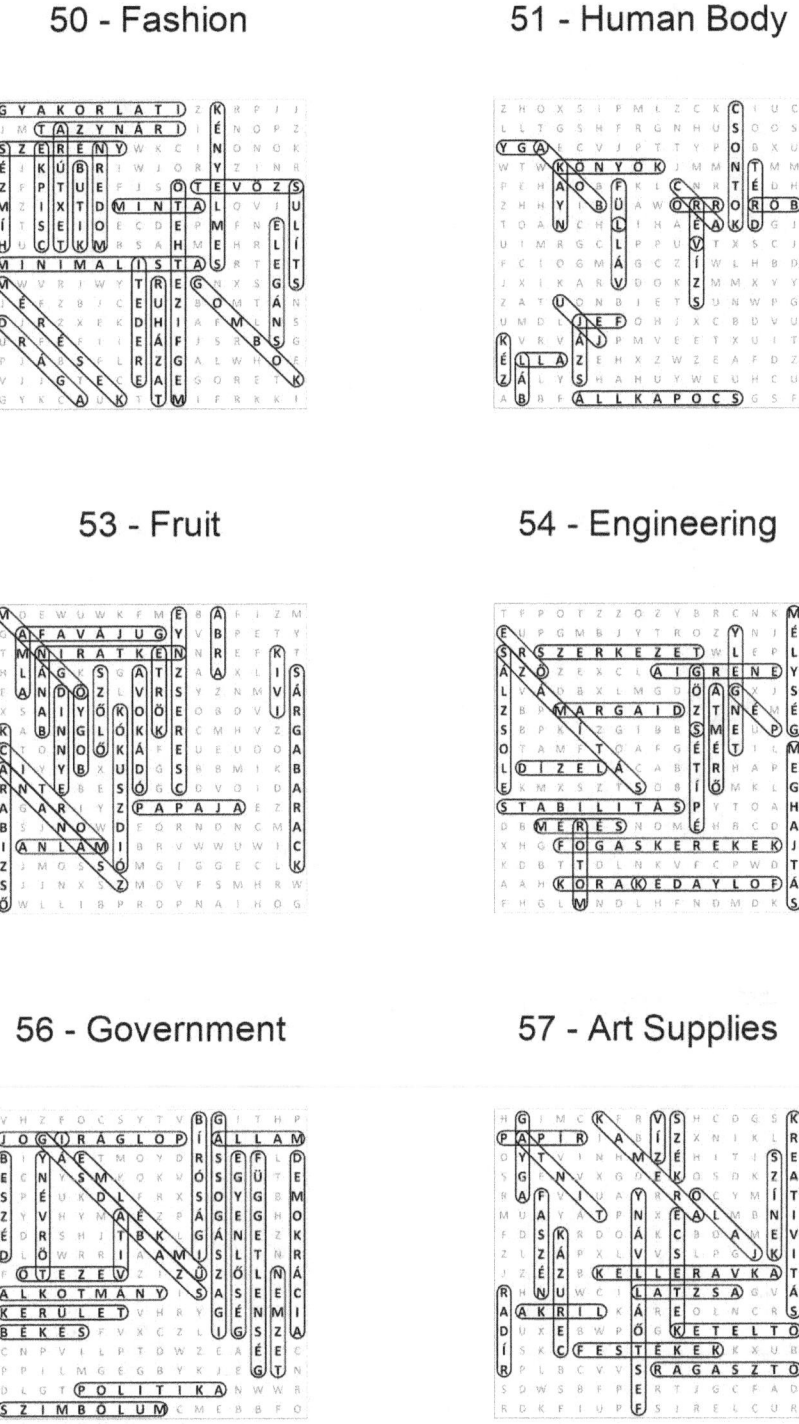

52 - Musical Instruments

53 - Fruit

54 - Engineering

55 - Kitchen

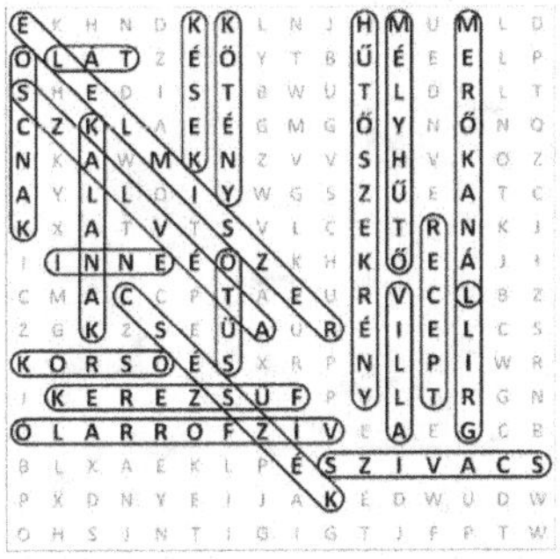

56 - Government

57 - Art Supplies

58 - Science Fiction

59 - Geometry

60 - Creativity

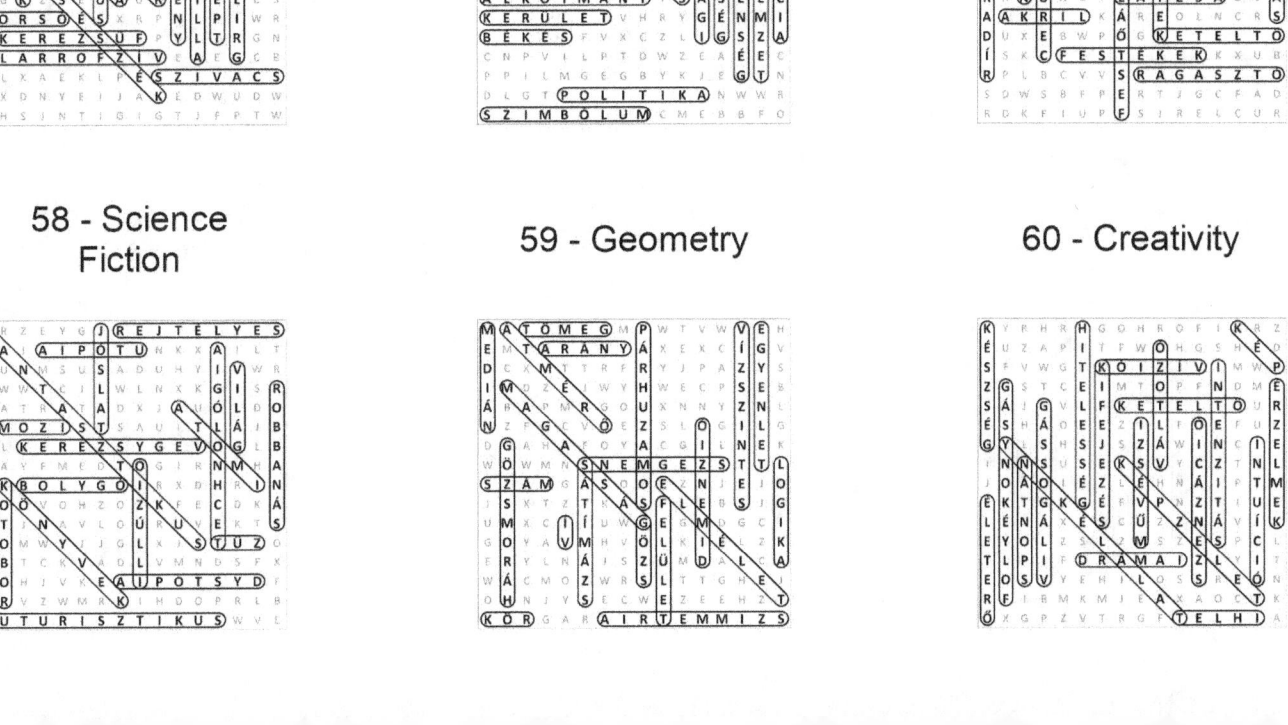

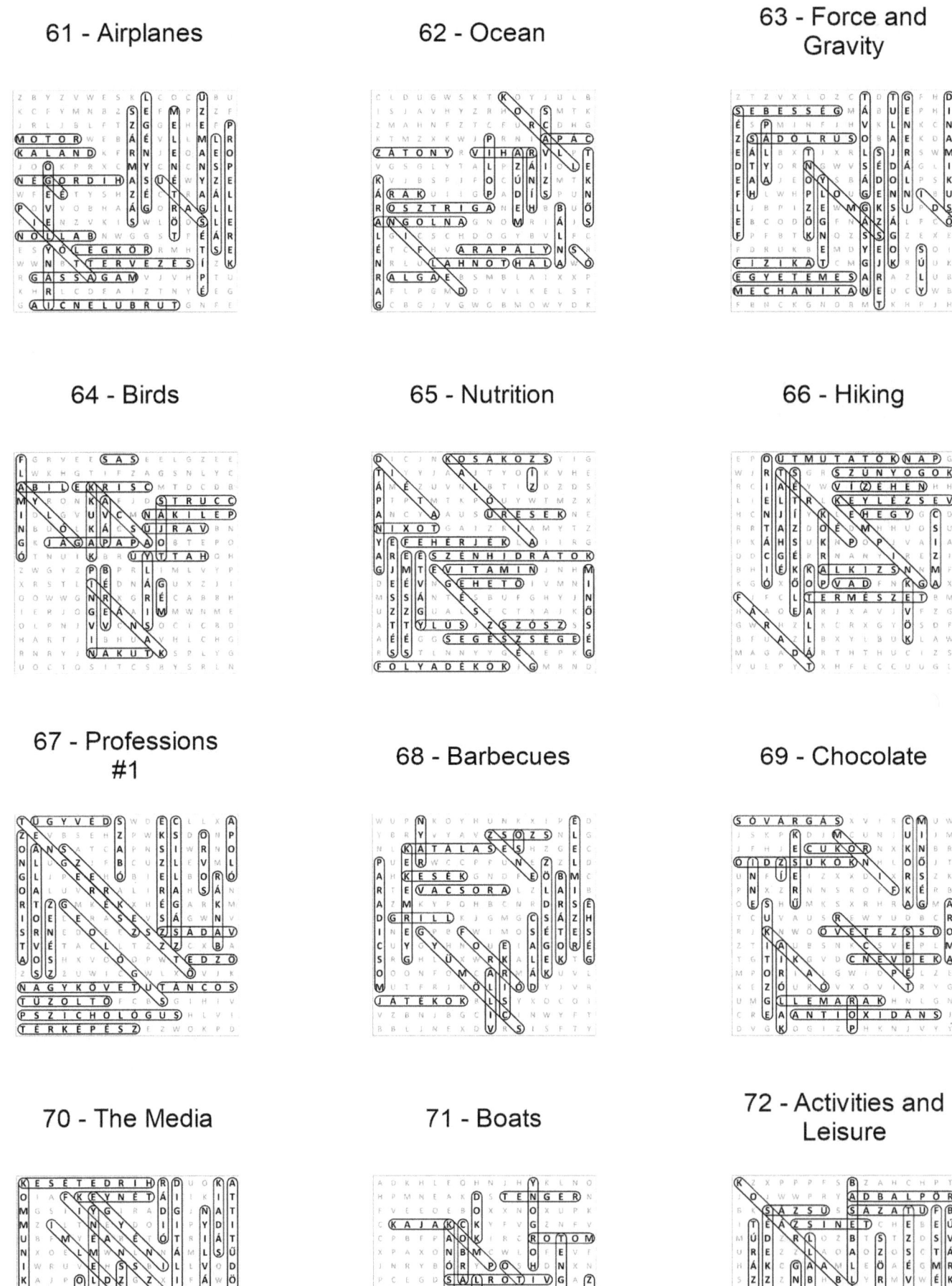

61 - Airplanes

62 - Ocean

63 - Force and Gravity

64 - Birds

65 - Nutrition

66 - Hiking

67 - Professions #1

68 - Barbecues

69 - Chocolate

70 - The Media

71 - Boats

72 - Activities and Leisure

73 - Driving

74 - Biology

75 - Professions #2

76 - Mythology

77 - Agronomy

78 - Hair Types

79 - Furniture

80 - Garden

81 - Diplomacy

82 - Countries #1

83 - Adjectives #1

84 - Technology

85 - Global Warming

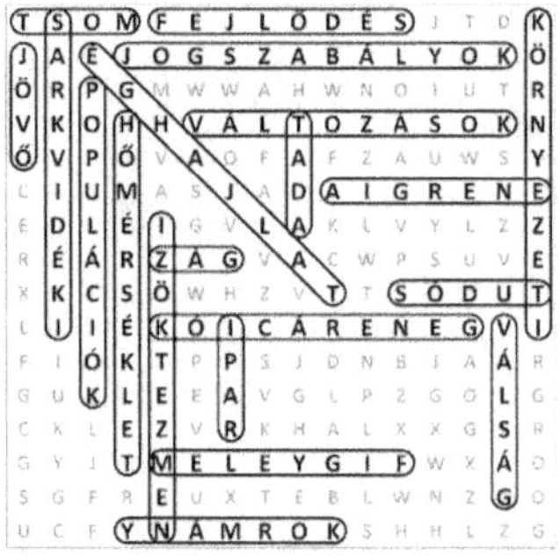

86 - Landscapes

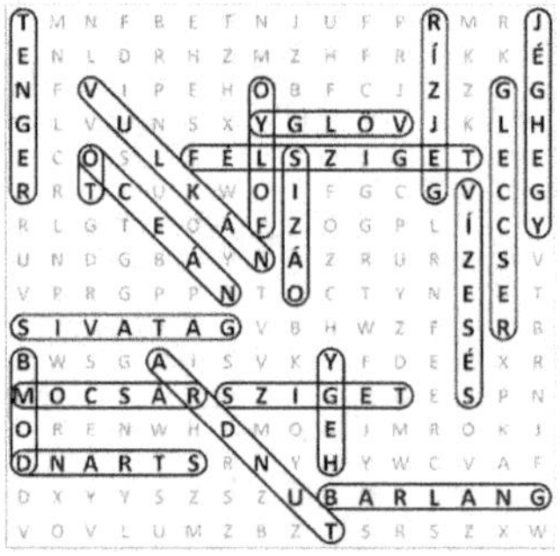

87 - Plants

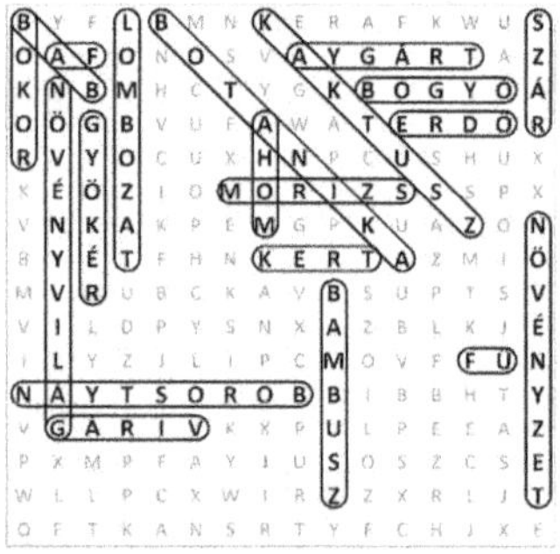

88 - Boxing

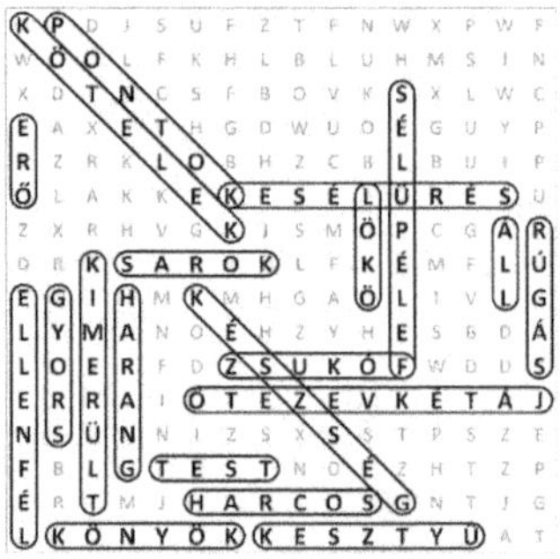

89 - Countries #2

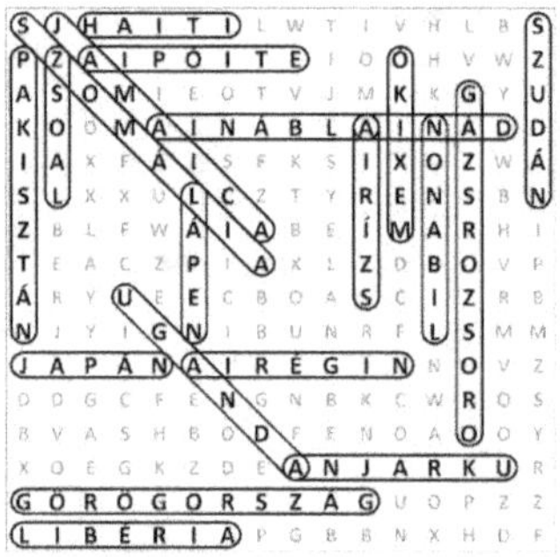

90 - Ecology

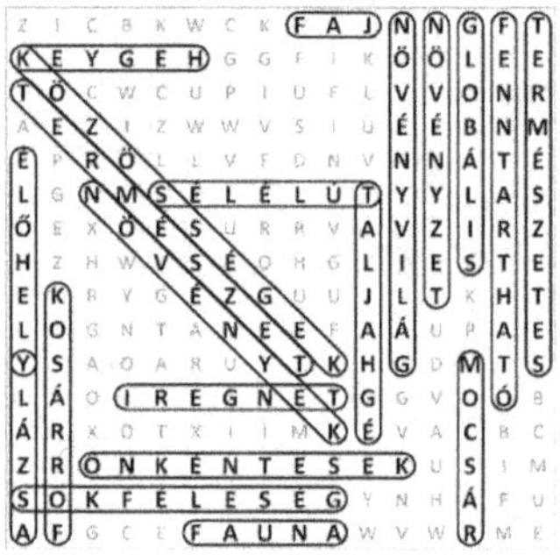

91 - Adjectives #2

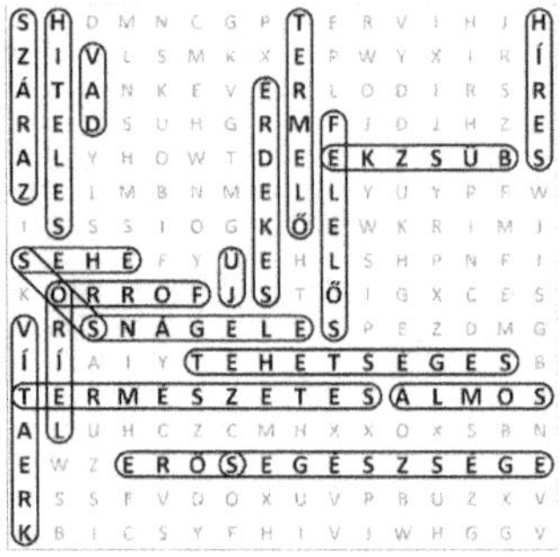

92 - Psychology

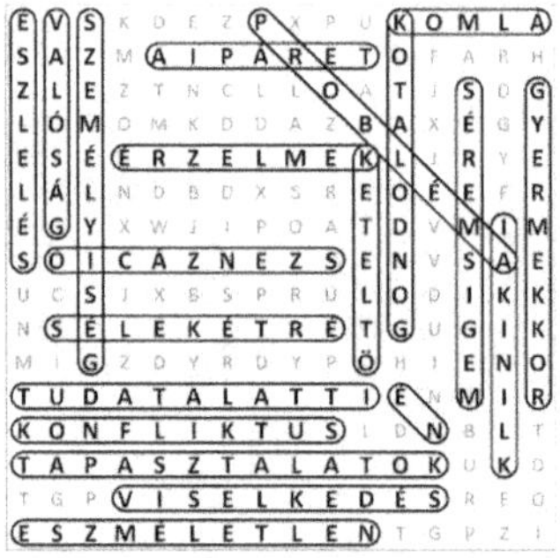

93 - Math

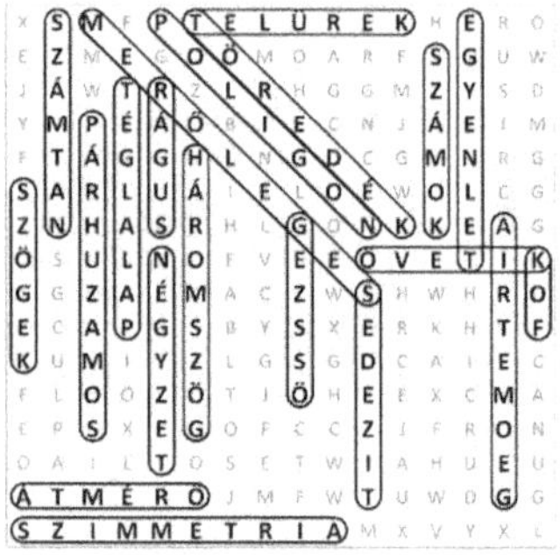

94 - Activities

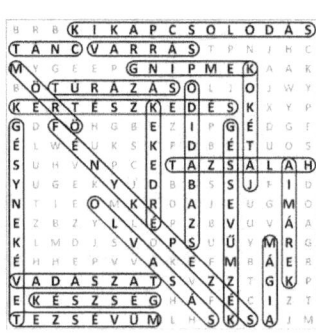

95 - Business

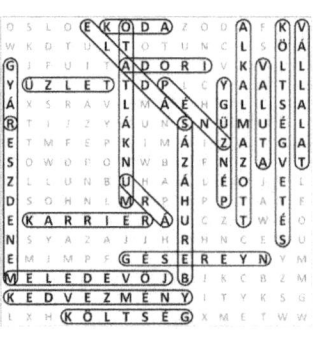

96 - The Company

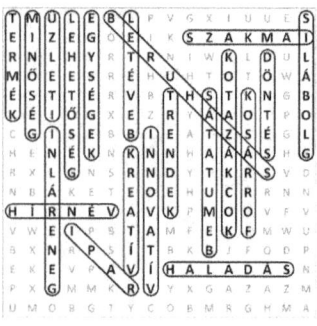

97 - Literature

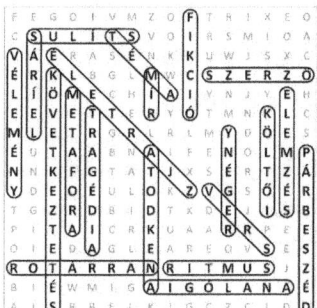

98 - Geography

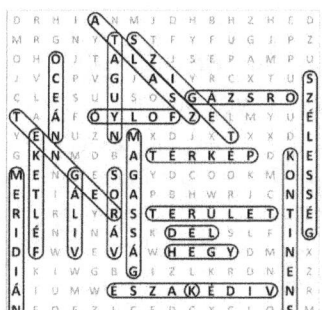

99 - Jazz

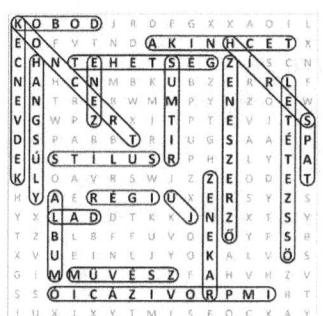

100 - Nature

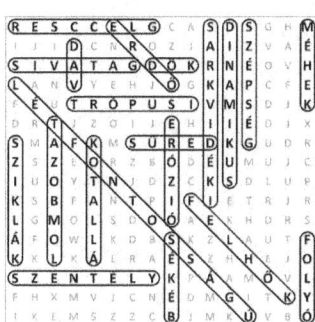

Dictionary

Activities
Tevékenységek

Activity	Tevékenység
Art	Művészet
Camping	Kemping
Ceramics	Kerámia
Crafts	Kézművesség
Dancing	Tánc
Fishing	Halászat
Games	Játékok
Gardening	Kertészkedés
Hiking	Túrázás
Hunting	Vadászat
Interests	Érdekek
Leisure	Szabadidő
Magic	Mágia
Photography	Fényképezés
Pleasure	Öröm
Reading	Olvasás
Relaxation	Kikapcsolódás
Sewing	Varrás
Skill	Készség

Activities and Leisure
Tevékenységek és Szabadi

Art	Művészet
Baseball	Baseball
Basketball	Kosárlabda
Boxing	Boksz
Camping	Kemping
Diving	Búvárkodás
Fishing	Halászat
Gardening	Kertészkedés
Golf	Golf
Hiking	Túrázás
Hobbies	Hobbi
Painting	Festmény
Racing	Verseny
Relaxing	Pihentető
Soccer	Futball
Surfing	Szörfözés
Swimming	Úszás
Tennis	Tenisz
Travel	Utazás
Volleyball	Röplabda

Adjectives #1
Melléknevek #1

Absolute	Abszolút
Ambitious	Ambiciózus
Aromatic	Aromás
Artistic	Művészi
Attractive	Vonzó
Beautiful	Szép
Dark	Sötét
Exotic	Egzotikus
Generous	Nagylelkű
Happy	Boldog
Heavy	Nehéz
Helpful	Hasznos
Honest	Őszinte
Identical	Azonos
Important	Fontos
Modern	Modern
Serious	Komoly
Slow	Lassú
Thin	Vékony
Valuable	Értékes

Adjectives #2
Melléknevek #2

Authentic	Hiteles
Creative	Kreatív
Descriptive	Leíró
Dry	Száraz
Elegant	Elegáns
Famous	Híres
Gifted	Tehetséges
Healthy	Egészséges
Hot	Forró
Hungry	Éhes
Interesting	Érdekes
Natural	Természetes
New	Új
Productive	Termelő
Proud	Büszke
Responsible	Felelős
Salty	Sós
Sleepy	Álmos
Strong	Erős
Wild	Vad

Adventure
Kaland

Activity	Tevékenység
Beauty	Szépség
Bravery	Bátorság
Challenges	Kihívások
Chance	Esély
Dangerous	Veszélyes
Difficulty	Nehézség
Enthusiasm	Lelkesedés
Excursion	Kirándulás
Friends	Barátok
Itinerary	Útvonal
Joy	Öröm
Nature	Természet
Navigation	Navigáció
New	Új
Opportunity	Lehetőség
Preparation	Előkészítés
Safety	Biztonság
Surprising	Meglepő
Unusual	Szokatlan

Agronomy
Agronómia

Agriculture	Mezőgazdaság
Diseases	Betegségek
Ecology	Ökológia
Energy	Energia
Environment	Környezet
Erosion	Erózió
Farming	Gazdálkodás
Fertilizer	Trágya
Food	Élelmiszer
Organic	Szerves
Plants	Növények
Pollution	Szennyezés
Production	Termelés
Rural	Vidéki
Science	Tudomány
Seeds	Magok
Study	Tanulmány
Systems	Rendszerek
Vegetables	Zöldségek
Water	Víz

Airplanes
Repülőgépek

Adventure	Kaland
Air	Levegő
Atmosphere	Légkör
Balloon	Ballon
Construction	Építés
Crew	Legénység
Descent	Származás
Design	Tervezés
Direction	Irány
Engine	Motor
Fuel	Üzemanyag
Height	Magasság
History	Történelem
Hydrogen	Hidrogén
Landing	Leszállás
Passenger	Utas
Pilot	Pilóta
Propellers	Propellerek
Sky	Ég
Turbulence	Turbulencia

Algebra
Algebra

Addition	Kiegészítés
Diagram	Diagram
Equation	Egyenlet
Exponent	Kitevő
Factor	Tényező
False	Hamis
Formula	Képlet
Fraction	Töredék
Graph	Grafikon
Infinite	Végtelen
Linear	Lineáris
Matrix	Mátrix
Number	Szám
Parenthesis	Zárójel
Problem	Probléma
Simplify	Egyszerűsítés
Solution	Megoldás
Subtraction	Kivonás
Variable	Változó
Zero	Nulla

Antarctica
Antarktisz

Bay	Öböl
Birds	Madarak
Clouds	Felhők
Conservation	Megőrzés
Continent	Kontinens
Environment	Környezet
Expedition	Expedíció
Geography	Földrajz
Glaciers	Gleccserek
Ice	Jég
Islands	Szigetek
Migration	Migráció
Penguins	Pingvinek
Peninsula	Félsziget
Researcher	Kutató
Rocky	Sziklás
Scientific	Tudományos
Temperature	Hőmérséklet
Topography	Topográfia
Water	Víz

Antiques
Régiségek

Art	Művészet
Auction	Árverés
Authentic	Hiteles
Century	Század
Coins	Érmék
Decades	Évtizedek
Decorative	Dekoratív
Elegant	Elegáns
Furniture	Bútor
Gallery	Galéria
Investment	Beruházás
Jewelry	Ékszerek
Old	Régi
Price	Ár
Quality	Minőség
Restoration	Helyreállítás
Sculpture	Szobor
Style	Stílus
To Sell	Eladni
Unusual	Szokatlan

Archeology
Régészet

Analysis	Elemzés
Ancient	Ősi
Antiquity	Ókor
Bones	Csontok
Civilization	Civilizáció
Descendant	Leszármazott
Era	Korszak
Evaluation	Értékelés
Expert	Szakértő
Forgotten	Elfelejtett
Fossil	Fosszilis
Fragments	Töredékek
Mystery	Rejtély
Objects	Objektumok
Relic	Ereklye
Researcher	Kutató
Team	Csapat
Temple	Templom
Tomb	Sír
Unknown	Ismeretlen

Art Supplies
Művészeti Kellékek

Acrylic	Akril
Brushes	Ecsetek
Camera	Kamera
Chair	Szék
Charcoal	Faszén
Clay	Agyag
Colors	Színek
Creativity	Kreativitás
Easel	Festőállvány
Eraser	Radír
Glue	Ragasztó
Ideas	Ötletek
Ink	Tinta
Oil	Olaj
Paints	Festékek
Paper	Papír
Pencils	Ceruzák
Table	Asztal
Water	Víz
Watercolors	Akvarellek

Astronomy
Csillagászat

Asteroid	Aszteroida
Astronaut	Űrhajós
Astronomer	Csillagász
Constellation	Csillagkép
Cosmos	Kozmosz
Earth	Föld
Eclipse	Fogyatkozás
Galaxy	Galaxis
Meteor	Meteor
Moon	Hold
Nebula	Ködfolt
Planet	Bolygó
Radiation	Sugárzás
Rocket	Rakéta
Satellite	Műhold
Sky	Ég
Solar	Nap
Supernova	Szupernóva
Telescope	Távcső
Zodiac	Állatöv

Ballet
Balett

Applause	Taps
Artistic	Művészi
Audience	Közönség
Ballerina	Balerina
Choreography	Koreográfia
Composer	Zeneszerző
Dancers	Táncosok
Expressive	Kifejező
Gesture	Gesztus
Graceful	Kecses
Intensity	Intenzitás
Muscles	Izmok
Music	Zene
Orchestra	Zenekar
Practice	Gyakorlat
Rehearsal	Próba
Rhythm	Ritmus
Skill	Készség
Style	Stílus
Technique	Technika

Barbecues
Grillezés

Chicken	Csirke
Children	Gyermekek
Dinner	Vacsora
Family	Család
Food	Élelmiszer
Forks	Villa
Friends	Barátok
Fruit	Gyümölcs
Games	Játékok
Grill	Grill
Hot	Forró
Hunger	Éhség
Knives	Kések
Music	Zene
Salads	Saláták
Salt	Só
Sauce	Szósz
Summer	Nyár
Tomatoes	Paradicsom
Vegetables	Zöldségek

Bees
Méhek

Beneficial	Előnyös
Blossom	Virág
Diversity	Sokféleség
Ecosystem	Ökoszisztéma
Flowers	Virágok
Food	Élelmiszer
Fruit	Gyümölcs
Garden	Kert
Habitat	Élőhely
Hive	Kaptár
Honey	Méz
Insect	Rovar
Plants	Növények
Pollen	Pollen
Pollinator	Beporzó
Queen	Királynő
Smoke	Füst
Sun	Nap
Swarm	Raj
Wax	Viasz

Biology
Biológia

Anatomy	Anatómia
Bacteria	Baktériumok
Cell	Sejt
Chromosome	Kromoszóma
Collagen	Kollagén
Embryo	Embrió
Enzyme	Enzim
Evolution	Evolúció
Hormone	Hormon
Mammal	Emlős
Mutation	Mutáció
Natural	Természetes
Nerve	Ideg
Neuron	Neuron
Osmosis	Ozmózis
Photosynthesis	Fotoszintézis
Protein	Fehérje
Reptile	Hüllő
Symbiosis	Szimbiózis
Synapse	Szinapszis

Birds
Madarak

Canary	Kanári
Chicken	Csirke
Crow	Varjú
Cuckoo	Kakukk
Duck	Kacsa
Eagle	Sas
Egg	Tojás
Flamingo	Flamingó
Goose	Liba
Gull	Sirály
Heron	Gém
Ostrich	Strucc
Parrot	Papagáj
Peacock	Páva
Pelican	Pelikán
Penguin	Pingvin
Sparrow	Veréb
Stork	Gólya
Swan	Hattyú
Toucan	Tukán

Boats
Csónakok

Anchor	Horgony
Buoy	Bója
Canoe	Kenu
Crew	Legénység
Dock	Dokk
Engine	Motor
Ferry	Komp
Kayak	Kajak
Lake	Tó
Lifeboat	Mentőcsónak
Mast	Árboc
Nautical	Tengeri
Ocean	Óceán
Raft	Tutaj
River	Folyó
Rope	Kötél
Sailboat	Vitorlás
Sailor	Tengerész
Sea	Tenger
Yacht	Jacht

Books
Könyvek

Adventure	Kaland
Author	Szerző
Collection	Gyűjtemény
Context	Kontextus
Duality	Kettősség
Epic	Epikus
Historical	Történelmi
Humorous	Tréfás
Inventive	Találékony
Literary	Irodalmi
Narrator	Narrátor
Novel	Regény
Page	Oldal
Poem	Vers
Poetry	Költészet
Reader	Olvasó
Relevant	Ide Vonatkozó
Story	Történet
Tragic	Tragikus
Written	Írott

Boxing
Boksz

Bell	Harang
Body	Test
Chin	Áll
Corner	Sarok
Elbow	Könyök
Exhausted	Kimerült
Fighter	Harcos
Fist	Ököl
Focus	Fókusz
Gloves	Kesztyű
Injuries	Sérülések
Kick	Rúgás
Opponent	Ellenfél
Points	Pontok
Quick	Gyors
Recovery	Felépülés
Referee	Játékvezető
Ropes	Kötelek
Skill	Készség
Strength	Erő

Buildings
Épületek

Apartment	Lakás
Barn	Pajta
Cabin	Kabin
Castle	Vár
Cinema	Mozi
Embassy	Nagykövetség
Factory	Gyár
Farm	Gazdaság
Hospital	Kórház
Hostel	Szálló
Hotel	Szálloda
Laboratory	Laboratórium
Museum	Múzeum
School	Iskola
Stadium	Stadion
Supermarket	Szupermarket
Tent	Sátor
Theater	Színház
Tower	Torony
University	Egyetem

Business
Üzleti

Budget	Költségvetés
Career	Karrier
Company	Vállalat
Cost	Költség
Currency	Valuta
Discount	Kedvezmény
Employee	Alkalmazott
Employer	Munkáltató
Factory	Gyár
Finance	Pénzügy
Income	Jövedelem
Investment	Beruházás
Manager	Menedzser
Merchandise	Áru
Money	Pénz
Office	Iroda
Profit	Nyereség
Sale	Eladás
Shop	Üzlet
Taxes	Adók

Camping
Kemping

Adventure	Kaland
Animals	Állatok
Cabin	Kabin
Canoe	Kenu
Compass	Iránytű
Fire	Tűz
Forest	Erdő
Fun	Móka
Hammock	Függőágy
Hat	Kalap
Hunting	Vadászat
Insect	Rovar
Lake	Tó
Map	Térkép
Moon	Hold
Mountain	Hegy
Nature	Természet
Rope	Kötél
Tent	Sátor
Trees	Fák

Chemistry
Kémia

Acid	Sav
Alkaline	Lúgos
Atomic	Atomi
Carbon	Szén
Catalyst	Katalizátor
Chlorine	Klór
Electron	Elektron
Enzyme	Enzim
Gas	Gáz
Heat	Hő
Hydrogen	Hidrogén
Ion	Ion
Liquid	Folyadék
Molecule	Molekula
Nuclear	Nukleáris
Organic	Szerves
Oxygen	Oxigén
Salt	Só
Temperature	Hőmérséklet
Weight	Súly

Chess
Sakk

Black	Fekete
Challenges	Kihívások
Champion	Bajnok
Clever	Okos
Contest	Verseny
Diagonal	Átlós
Game	Játék
King	Király
Opponent	Ellenfél
Passive	Passzív
Player	Játékos
Points	Pontok
Queen	Királynő
Rules	Szabályok
Sacrifice	Áldozat
Strategy	Stratégia
Time	Idő
To Learn	Tanulni
Tournament	Torna
White	Fehér

Chocolate
Csokoládé

Antioxidant	Antioxidáns
Aroma	Aroma
Bitter	Keserű
Cacao	Kakaó
Calories	Kalória
Candy	Cukorka
Caramel	Karamell
Coconut	Kókuszdió
Craving	Sóvárgás
Delicious	Finom
Exotic	Egzotikus
Favorite	Kedvenc
Ingredient	Összetevő
Powder	Por
Quality	Minőség
Recipe	Recept
Sugar	Cukor
Sweet	Édes
Taste	Íz
To Eat	Enni

Clothes
Ruházat

Apron	Kötény
Belt	Öv
Blouse	Blúz
Bracelet	Karkötő
Coat	Kabát
Dress	Ruha
Fashion	Divat
Gloves	Kesztyű
Hat	Kalap
Jacket	Dzseki
Jeans	Farmer
Jewelry	Ékszerek
Pajamas	Pizsama
Pants	Nadrág
Sandals	Szandál
Scarf	Sál
Shirt	Ing
Shoe	Cipő
Skirt	Szoknya
Sweater	Pulóver

Coffee
Kávé

Acidic	Savas
Aroma	Aroma
Beverage	Ital
Bitter	Keserű
Black	Fekete
Caffeine	Koffein
Cream	Krém
Cup	Csésze
Filter	Szűrő
Flavor	Íz
Grind	Darál
Liquid	Folyadék
Milk	Tej
Morning	Reggel
Origin	Eredet
Price	Ár
Roasted	Pörkölt
Sugar	Cukor
To Drink	Inni
Water	Víz

Countries #1
Országok #1

Brazil	Brazília
Canada	Kanada
Egypt	Egyiptom
Finland	Finnország
Germany	Németország
Iraq	Irak
Israel	Izrael
Italy	Olaszország
Latvia	Lettország
Libya	Líbia
Morocco	Marokkó
Nicaragua	Nicaragua
Norway	Norvégia
Panama	Panama
Poland	Lengyelország
Romania	Románia
Senegal	Szenegál
Spain	Spanyolország
Venezuela	Venezuela
Vietnam	Vietnam

Countries #2
Országok #2

Albania	Albánia
Denmark	Dánia
Ethiopia	Etiópia
Greece	Görögország
Haiti	Haiti
Jamaica	Jamaica
Japan	Japán
Laos	Laosz
Lebanon	Libanon
Liberia	Libéria
Mexico	Mexikó
Nepal	Nepál
Nigeria	Nigéria
Pakistan	Pakisztán
Russia	Oroszország
Somalia	Szomália
Sudan	Szudán
Syria	Szíria
Uganda	Uganda
Ukraine	Ukrajna

Creativity
Kreativitás

Artistic	Művészi
Authenticity	Hitelesség
Changing	Változó
Clarity	Világosság
Dramatic	Drámai
Emotions	Érzelmek
Expression	Kifejezés
Fluidity	Folyékonyság
Ideas	Ötletek
Image	Kép
Imagination	Képzelet
Inspiration	Ihlet
Intensity	Intenzitás
Intuition	Intuíció
Inventive	Találékony
Sensation	Szenzáció
Skill	Készség
Spontaneous	Spontán
Visions	Víziók
Vitality	Életerő

Days and Months
Napok és Hónapok

April	Április
August	Augusztus
Calendar	Naptár
February	Február
Friday	Péntek
January	Január
July	Július
March	Március
Monday	Hétfő
Month	Hónap
November	November
October	Október
Saturday	Szombat
September	Szeptember
Sunday	Vasárnap
Thursday	Csütörtök
Tuesday	Kedd
Wednesday	Szerda
Week	Hét
Year	Év

Diplomacy
Diplomácia

Adviser	Tanácsadó
Ambassador	Nagykövet
Citizens	Polgárok
Civic	Polgári
Community	Közösség
Conflict	Konfliktus
Cooperation	Együttműködés
Diplomatic	Diplomáciai
Discussion	Vita
Embassy	Nagykövetség
Ethics	Etika
Government	Kormány
Humanitarian	Humanitárius
Integrity	Integritás
Justice	Igazságosság
Politics	Politika
Resolution	Felbontás
Security	Biztonság
Solution	Megoldás
Treaty	Szerződés

Disease
Betegség

Abdominal	Hasi
Allergies	Allergia
Bacterial	Bakteriális
Body	Test
Bones	Csontok
Chronic	Krónikus
Contagious	Fertőző
Genetic	Genetikai
Health	Egészség
Heart	Szív
Hereditary	Örökletes
Immunity	Immunitás
Inflammation	Gyulladás
Lumbar	Ágyéki
Neuropathy	Neuropátia
Pathogens	Kórokozók
Respiratory	Légzés
Syndrome	Szindróma
Therapy	Terápia
Weak	Gyenge

Driving
Vezetés

Accident	Baleset
Brakes	Fékek
Car	Autó
Danger	Veszély
Driver	Sofőr
Fuel	Üzemanyag
Garage	Garázs
Gas	Gáz
License	Engedély
Map	Térkép
Motor	Motor
Motorcycle	Motorkerékpár
Pedestrian	Gyalogos
Police	Rendőrség
Road	Út
Safety	Biztonság
Speed	Sebesség
Traffic	Forgalom
Truck	Kamion
Tunnel	Alagút

Ecology
Ökológia

Climate	Éghajlat
Communities	Közösségek
Diversity	Sokféleség
Drought	Aszály
Fauna	Fauna
Flora	Növényvilág
Global	Globális
Habitat	Élőhely
Marine	Tengeri
Marsh	Mocsár
Mountains	Hegyek
Natural	Természetes
Nature	Természet
Plants	Növények
Resources	Források
Species	Faj
Survival	Túlélés
Sustainable	Fenntartható
Vegetation	Növényzet
Volunteers	Önkéntesek

Energy
Energia

Battery	Akkumulátor
Carbon	Szén
Diesel	Dízel
Electric	Elektromos
Electron	Elektron
Entropy	Entrópia
Environment	Környezet
Fuel	Üzemanyag
Gasoline	Benzin
Heat	Hő
Hydrogen	Hidrogén
Industry	Ipar
Motor	Motor
Nuclear	Nukleáris
Photon	Foton
Pollution	Szennyezés
Renewable	Megújuló
Steam	Gőz
Turbine	Turbina
Wind	Szél

Engineering
Műszaki

Angle	Szög
Axis	Tengely
Calculation	Számítás
Construction	Építés
Depth	Mélység
Diagram	Diagram
Diameter	Átmérő
Diesel	Dízel
Distribution	Eloszlás
Energy	Energia
Gears	Fogaskerekek
Levers	Karok
Liquid	Folyadék
Machine	Gép
Measurement	Mérés
Motor	Motor
Propulsion	Meghajtás
Stability	Stabilitás
Strength	Erő
Structure	Szerkezet

Family
Család

Ancestor	Ős
Aunt	Néni
Brother	Testvér
Child	Gyermek
Childhood	Gyermekkor
Children	Gyermekek
Cousin	Unokatestvér
Daughter	Lánya
Father	Apa
Grandchild	Unoka
Grandfather	Nagyapa
Grandson	Unokája
Husband	Férj
Maternal	Anyai
Mother	Anya
Nephew	Unokaöcs
Niece	Unokahúg
Paternal	Apai
Uncle	Nagybácsi
Wife	Feleség

Farm #1
Gazdaság #1

Agriculture	Mezőgazdaság
Bee	Méh
Bison	Bölény
Calf	Borjú
Cat	Macska
Chicken	Csirke
Cow	Tehén
Crow	Varjú
Dog	Kutya
Donkey	Szamár
Fence	Kerítés
Fertilizer	Trágya
Field	Mező
Goat	Kecske
Hay	Széna
Honey	Méz
Horse	Ló
Rice	Rizs
Seeds	Magok
Water	Víz

Farm #2
2. Gazdaság

Animals	Állatok
Barley	Árpa
Barn	Pajta
Corn	Kukorica
Duck	Kacsa
Farmer	Gazda
Food	Élelmiszer
Fruit	Gyümölcs
Irrigation	Öntözés
Lamb	Bárány
Llama	Láma
Meadow	Rét
Milk	Tej
Orchard	Gyümölcsös
Sheep	Juh
Shepherd	Pásztor
Tractor	Traktor
Vegetable	Növényi
Wheat	Búza
Windmill	Szélmalom

Fashion
Divat

Affordable	Megfizethető
Boutique	Butik
Buttons	Gombok
Clothing	Ruházat
Comfortable	Kényelmes
Elegant	Elegáns
Embroidery	Hímzés
Expensive	Drága
Fabric	Szövet
Lace	Csipke
Measurements	Mérések
Minimalist	Minimalista
Modern	Modern
Modest	Szerény
Original	Eredeti
Pattern	Minta
Practical	Gyakorlati
Style	Stílus
Texture	Textúra
Trend	Irányzat

Fishing
Halászat

Bait	Csali
Basket	Kosár
Beach	Strand
Boat	Hajó
Cook	Szakács
Equipment	Felszerelés
Exaggeration	Túlzás
Fins	Uszonyok
Gills	Kopoltyúk
Hook	Horog
Jaw	Állkapocs
Lake	Tó
Ocean	Óceán
Patience	Türelem
River	Folyó
Scales	Mérleg
Season	Évszak
Water	Víz
Weight	Súly
Wire	Drót

Flowers
Virágok

Bouquet	Csokor
Calendula	Körömvirág
Clover	Lóhere
Daffodil	Nárcisz
Daisy	Százszorszép
Dandelion	Pitypang
Gardenia	Gardénia
Hibiscus	Hibiszkusz
Jasmine	Jázmin
Lavender	Levendula
Lilac	Halványlila
Lily	Liliom
Magnolia	Magnólia
Orchid	Orchidea
Peony	Bazsarózsa
Petal	Szirom
Plumeria	Plumeria
Poppy	Mák
Sunflower	Napraforgó
Tulip	Tulipán

Food #1
Élelmiszer #1

Apricot	Sárgabarack
Barley	Árpa
Basil	Bazsalikom
Carrot	Sárgarépa
Cinnamon	Fahéj
Garlic	Fokhagyma
Juice	Gyümölcslé
Lemon	Citrom
Milk	Tej
Onion	Hagyma
Peanut	Földimogyoró
Pear	Körte
Salad	Saláta
Salt	Só
Soup	Leves
Spinach	Spenót
Strawberry	Eper
Sugar	Cukor
Tuna	Tonhal
Turnip	Fehérrépa

Food #2
Élelmiszer # 2

Apple	Alma
Artichoke	Articsóka
Banana	Banán
Broccoli	Brokkoli
Celery	Zeller
Cheese	Sajt
Cherry	Cseresznye
Chicken	Csirke
Chocolate	Csokoládé
Egg	Tojás
Eggplant	Padlizsán
Fish	Hal
Grape	Szőlő
Ham	Sonka
Kiwi	Kivi
Mushroom	Gomba
Rice	Rizs
Tomato	Paradicsom
Wheat	Búza
Yogurt	Joghurt

Force and Gravity
Erő és Gravitáció

Axis	Tengely
Center	Központ
Discovery	Felfedezés
Distance	Távolság
Dynamic	Dinamikus
Expansion	Terjeszkedés
Friction	Súrlódás
Impact	Hatás
Magnetism	Mágnesesség
Magnitude	Nagyság
Mechanics	Mechanika
Orbit	Pálya
Physics	Fizika
Pressure	Nyomás
Properties	Tulajdonságok
Speed	Sebesség
Time	Idő
To Generate	Generálni
Universal	Egyetemes
Weight	Súly

Fruit
Gyümölcs

Apple	Alma
Apricot	Sárgabarack
Avocado	Avokádó
Banana	Banán
Berry	Bogyó
Cherry	Cseresznye
Coconut	Kókuszdió
Fig	Ábra
Grape	Szőlő
Guava	Gujávafa
Kiwi	Kivi
Lemon	Citrom
Mango	Mangó
Melon	Dinnye
Nectarine	Nektarin
Papaya	Papaja
Peach	Őszibarack
Pear	Körte
Pineapple	Ananász
Raspberry	Málna

Furniture
Bútor

Armchair	Fotel
Armoire	Armoire
Bed	Ágy
Bench	Pad
Bookcase	Könyvespolc
Chair	Szék
Comforters	Paplanok
Couch	Kanapé
Curtains	Függönyök
Cushions	Párnák
Desk	Íróasztal
Dresser	Komód
Futon	Futon
Hammock	Függőágy
Lamp	Lámpa
Mattress	Matrac
Mirror	Tükör
Pillow	Párna
Rug	Szőnyeg
Shelves	Polcok

Garden
Kert

Bench	Pad
Bush	Bokor
Fence	Kerítés
Flower	Virág
Garage	Garázs
Garden	Kert
Grass	Fű
Hammock	Függőágy
Hose	Tömlő
Lawn	Gyep
Orchard	Gyümölcsös
Pond	Tavacska
Porch	Tornác
Rake	Gereblye
Shovel	Lapát
Terrace	Terasz
Trampoline	Trambulin
Tree	Fa
Vine	Szőlő
Weeds	Gyomok

Gardening
Kertészkedés

Blossom	Virág
Botanical	Botanika
Bouquet	Csokor
Climate	Éghajlat
Compost	Komposzt
Container	Tartály
Dirt	Piszok
Edible	Ehető
Exotic	Egzotikus
Floral	Virágos
Foliage	Lombozat
Hose	Tömlő
Leaf	Levél
Moisture	Nedvesség
Orchard	Gyümölcsös
Seasonal	Szezonális
Seeds	Magok
Soil	Talaj
Species	Faj
Water	Víz

Geography
Földrajz

Altitude	Magasság
Atlas	Atlasz
City	Város
Continent	Kontinens
Country	Ország
Hemisphere	Félteke
Island	Sziget
Latitude	Szélesség
Map	Térkép
Meridian	Meridián
Mountain	Hegy
North	Észak
Ocean	Óceán
Region	Vidék
River	Folyó
Sea	Tenger
South	Dél
Territory	Terület
West	Nyugat
World	Világ

Geology
Geológia

Acid	Sav
Calcium	Kalcium
Cavern	Barlang
Continent	Kontinens
Coral	Korall
Crystals	Kristályok
Cycles	Ciklusok
Earthquake	Földrengés
Erosion	Erózió
Fossil	Fosszilis
Geyser	Gejzír
Lava	Láva
Layer	Réteg
Molten	Olvadt
Plateau	Fennsík
Quartz	Kvarc
Salt	Só
Stalactite	Cseppkő
Stone	Kő
Volcano	Vulkán

Geometry
Geometria

Angle	Szög
Calculation	Számítás
Circle	Kör
Curve	Ív
Diameter	Átmérő
Dimension	Dimenzió
Equation	Egyenlet
Height	Magasság
Horizontal	Vízszintes
Logic	Logika
Mass	Tömeg
Median	Medián
Number	Szám
Parallel	Párhuzamos
Proportion	Arány
Segment	Szegmens
Surface	Felület
Symmetry	Szimmetria
Theory	Elmélet
Triangle	Háromszög

Global Warming
A Globális Felmelegedés

Arctic	Sarkvidéki
Attention	Figyelem
Changes	Változások
Climate	Éghajlat
Crisis	Válság
Data	Adat
Development	Fejlődés
Energy	Energia
Environmental	Környezeti
Future	Jövő
Gas	Gáz
Generations	Generációk
Government	Kormány
Industry	Ipar
International	Nemzetközi
Legislation	Jogszabályok
Now	Most
Populations	Populációk
Scientist	Tudós
Temperatures	Hőmérséklet

Government
Kormányzat

Civil	Polgári
Constitution	Alkotmány
Democracy	Demokrácia
Discussion	Vita
District	Kerület
Equality	Egyenlőség
Independence	Függetlenség
Judicial	Bírósági
Justice	Igazságosság
Law	Törvény
Leader	Vezető
Legal	Jogi
Liberty	Szabadság
Monument	Emlékmű
Nation	Nemzet
Peaceful	Békés
Politics	Politika
Speech	Beszéd
State	Állam
Symbol	Szimbólum

Hair Types
Haj Típusok

Bald	Kopasz
Black	Fekete
Blond	Szőke
Braided	Fonott
Braids	Zsinór
Brown	Barna
Colored	Színes
Curls	Fürtök
Curly	Göndör
Dry	Száraz
Gray	Szürke
Healthy	Egészséges
Long	Hosszú
Shiny	Fényes
Short	Rövid
Soft	Puha
Thick	Vastag
Thin	Vékony
Wavy	Hullámos
White	Fehér

Health and Wellness #1
Egészség és Wellness #1

Active	Aktív
Bacteria	Baktériumok
Bones	Csontok
Clinic	Klinika
Doctor	Orvos
Fracture	Törés
Habit	Szokás
Height	Magasság
Hormones	Hormonok
Hunger	Éhség
Muscles	Izmok
Nerves	Idegek
Pharmacy	Gyógyszertár
Reflex	Reflex
Relaxation	Kikapcsolódás
Skin	Bőr
Therapy	Terápia
To Breathe	Lélegezni
Treatment	Kezelés
Virus	Vírus

Health and Wellness #2
Egészség és Wellness #2

Allergy	Allergia
Anatomy	Anatómia
Appetite	Étvágy
Blood	Vér
Calorie	Kalória
Dehydration	Kiszáradás
Diet	Diéta
Disease	Betegség
Energy	Energia
Genetics	Genetika
Healthy	Egészséges
Hospital	Kórház
Hygiene	Higiénia
Infection	Fertőzés
Massage	Masszázs
Nutrition	Táplálkozás
Recovery	Felépülés
Stress	Stressz
Vitamin	Vitamin
Weight	Súly

Herbalism
Herbalism

Aromatic	Aromás
Basil	Bazsalikom
Beneficial	Előnyös
Culinary	Konyhai
Fennel	Édeskömény
Flavor	Íz
Flower	Virág
Garden	Kert
Garlic	Fokhagyma
Green	Zöld
Ingredient	Összetevő
Lavender	Levendula
Marjoram	Majoránna
Mint	Menta
Oregano	Oregánó
Parsley	Petrezselyem
Plant	Növény
Rosemary	Rozmaring
Saffron	Sáfrány
Tarragon	Tárkony

Hiking
Túrázás

Animals	Állatok
Boots	Csizma
Camping	Kemping
Cliff	Szikla
Climate	Éghajlat
Guides	Útmutatók
Hazards	Veszélyek
Heavy	Nehéz
Map	Térkép
Mosquitoes	Szúnyogok
Mountain	Hegy
Nature	Természet
Orientation	Orientáció
Parks	Parkok
Preparation	Előkészítés
Stones	Kövek
Sun	Nap
Tired	Fáradt
Water	Víz
Wild	Vad

House
Ház

Attic	Padlás
Broom	Seprű
Curtains	Függönyök
Door	Ajtó
Fence	Kerítés
Fireplace	Kandalló
Floor	Padló
Furniture	Bútor
Garage	Garázs
Garden	Kert
Keys	Kulcsok
Kitchen	Konyha
Lamp	Lámpa
Library	Könyvtár
Mirror	Tükör
Roof	Tető
Room	Szoba
Shower	Zuhany
Wall	Fal
Window	Ablak

Human Body
Emberi Test

Ankle	Boka
Blood	Vér
Bones	Csontok
Brain	Agy
Chin	Áll
Ear	Fül
Elbow	Könyök
Face	Arc
Finger	Ujj
Hand	Kéz
Head	Fej
Heart	Szív
Jaw	Állkapocs
Knee	Térd
Leg	Láb
Mouth	Száj
Neck	Nyak
Nose	Orr
Shoulder	Váll
Skin	Bőr

Jazz
Dzsessz

Album	Album
Applause	Taps
Artist	Művész
Composer	Zeneszerző
Composition	Összetétel
Concert	Koncert
Drums	Dobok
Emphasis	Hangsúly
Famous	Híres
Favorites	Kedvencek
Improvisation	Improvizáció
Music	Zene
New	Új
Old	Régi
Orchestra	Zenekar
Rhythm	Ritmus
Song	Dal
Style	Stílus
Talent	Tehetség
Technique	Technika

Kitchen
Konyha

Apron	Kötény
Bowl	Tál
Cups	Csészék
Food	Élelmiszer
Forks	Villa
Freezer	Mélyhűtő
Grill	Grill
Jar	Korsó
Jug	Kancsó
Kettle	Vízforraló
Knives	Kések
Ladle	Merőkanál
Napkin	Szalvéta
Oven	Sütő
Recipe	Recept
Refrigerator	Hűtőszekrény
Spices	Fűszerek
Sponge	Szivacs
Spoons	Kanalak
To Eat	Enni

Landscapes
Tájképek

Beach	Strand
Cave	Barlang
Desert	Sivatag
Geyser	Gejzír
Glacier	Gleccser
Hill	Domb
Iceberg	Jéghegy
Island	Sziget
Lake	Tó
Mountain	Hegy
Oasis	Oázis
Ocean	Óceán
Peninsula	Félsziget
River	Folyó
Sea	Tenger
Swamp	Mocsár
Tundra	Tundra
Valley	Völgy
Volcano	Vulkán
Waterfall	Vízesés

Literature
Irodalom

Analogy	Analógia
Analysis	Elemzés
Anecdote	Anekdota
Author	Szerző
Biography	Életrajz
Conclusion	Következtetés
Description	Leírás
Dialogue	Párbeszéd
Fiction	Fikció
Metaphor	Metafora
Narrator	Narrátor
Novel	Regény
Opinion	Vélemény
Poem	Vers
Poetic	Költői
Rhyme	Rím
Rhythm	Ritmus
Style	Stílus
Theme	Téma
Tragedy	Tragédia

Mammals
Emlősök

Bear	Medve
Beaver	Hód
Bull	Bika
Cat	Macska
Coyote	Prérifarkas
Dog	Kutya
Dolphin	Delfin
Elephant	Elefánt
Fox	Róka
Giraffe	Zsiráf
Gorilla	Gorilla
Horse	Ló
Kangaroo	Kenguru
Lion	Oroszlán
Monkey	Majom
Rabbit	Nyúl
Sheep	Juh
Whale	Bálna
Wolf	Farkas
Zebra	Zebra

Math
Matematika

Angles	Szögek
Arithmetic	Számtan
Decimal	Tizedes
Degrees	Fok
Diameter	Átmérő
Equation	Egyenlet
Exponent	Kitevő
Fraction	Töredék
Geometry	Geometria
Numbers	Számok
Parallel	Párhuzamos
Perimeter	Kerület
Perpendicular	Merőleges
Polygon	Poligon
Radius	Sugár
Rectangle	Téglalap
Square	Négyzet
Sum	Összeg
Symmetry	Szimmetria
Triangle	Háromszög

Measurements
Mérések

Byte	Bájt
Centimeter	Centiméter
Decimal	Tizedes
Degree	Fokozat
Depth	Mélység
Gram	Gramm
Height	Magasság
Inch	Hüvelyk
Kilogram	Kilogramm
Kilometer	Kilométer
Length	Hossz
Liter	Liter
Mass	Tömeg
Meter	Mérő
Minute	Perc
Ounce	Uncia
Pint	Pint
Ton	Tonna
Weight	Súly
Width	Szélesség

Meditation
Elmélkedés

Acceptance	Elfogadás
Awake	Ébren
Breathing	Légzés
Calm	Nyugodt
Clarity	Világosság
Compassion	Együttérzés
Emotions	Érzelmek
Gratitude	Hála
Habits	Szokások
Kindness	Kedvesség
Mental	Mentális
Mind	Elme
Movement	Mozgás
Music	Zene
Nature	Természet
Peace	Béke
Perspective	Perspektíva
Silence	Csend
Thoughts	Gondolatok
To Learn	Tanulni

Music
Zene

Album	Album
Ballad	Ballada
Chorus	Kórus
Classical	Klasszikus
Eclectic	Eklektikus
Harmonic	Harmonikus
Harmony	Harmónia
Lyrical	Lírai
Melody	Dallam
Microphone	Mikrofon
Musical	Zenei
Musician	Zenész
Opera	Opera
Poetic	Költői
Recording	Felvétel
Rhythm	Ritmus
Rhythmic	Ritmikus
Sing	Énekel
Singer	Énekes
Vocal	Ének

Musical Instruments
Hangszerek

Banjo	Bendzsó
Bassoon	Fagott
Cello	Cselló
Chimes	Harangjáték
Clarinet	Klarinét
Drum	Dob
Flute	Fuvola
Gong	Gong
Guitar	Gitár
Harmonica	Harmonika
Harp	Hárfa
Mandolin	Mandolin
Marimba	Marimba
Oboe	Oboa
Piano	Zongora
Saxophone	Szaxofon
Tambourine	Csörgődob
Trombone	Harsona
Trumpet	Trombita
Violin	Hegedű

Mythology
Mitológia

Archetype	Archetípus
Behavior	Viselkedés
Beliefs	Hiedelmek
Creation	Teremtés
Creature	Teremtmény
Culture	Kultúra
Deities	Istenségek
Disaster	Katasztrófa
Heaven	Menny
Hero	Hős
Jealousy	Féltékenység
Labyrinth	Labirintus
Legend	Legenda
Lightning	Villám
Monster	Szörny
Mortal	Halandó
Revenge	Bosszú
Strength	Erő
Thunder	Mennydörgés
Warrior	Harcos

Nature
Természet

Animals	Állatok
Arctic	Sarkvidéki
Beauty	Szépség
Bees	Méhek
Cliffs	Sziklák
Clouds	Felhők
Desert	Sivatag
Dynamic	Dinamikus
Erosion	Erózió
Fog	Köd
Foliage	Lombozat
Forest	Erdő
Glacier	Gleccser
Peaceful	Békés
River	Folyó
Sanctuary	Szentély
Serene	Derűs
Tropical	Trópusi
Vital	Létfontosságú
Wild	Vad

Numbers
Számok

Decimal	Tizedes
Eight	Nyolc
Eighteen	Tizennyolc
Fifteen	Tizenöt
Five	Öt
Four	Négy
Fourteen	Tizennégy
Nine	Kilenc
Nineteen	Tizenkilenc
One	Egy
Seven	Hét
Seventeen	Tizenhét
Six	Hat
Sixteen	Tizenhat
Ten	Tíz
Thirteen	Tizenhárom
Three	Három
Twelve	Tizenkettő
Twenty	Húsz
Two	Kettő

Nutrition
Teljesítmény

Appetite	Étvágy
Bitter	Keserű
Calories	Kalória
Carbohydrates	Szénhidrátok
Diet	Diéta
Digestion	Emésztés
Edible	Ehető
Fermentation	Erjesztés
Flavor	Íz
Habits	Szokások
Health	Egészség
Healthy	Egészséges
Liquids	Folyadékok
Nutrient	Tápanyag
Proteins	Fehérjék
Quality	Minőség
Sauce	Szósz
Toxin	Toxin
Vitamin	Vitamin
Weight	Súly

Ocean
Óceán

Algae	Alga
Coral	Korall
Crab	Rák
Dolphin	Delfin
Eel	Angolna
Fish	Hal
Jellyfish	Medúza
Octopus	Polip
Oyster	Osztriga
Reef	Zátony
Salt	Só
Seaweed	Hínár
Shark	Cápa
Shrimp	Garnélarák
Sponge	Szivacs
Storm	Vihar
Tides	Árapály
Tuna	Tonhal
Turtle	Teknős
Whale	Bálna

Philanthropy
Filantrópia

Challenges	Kihívások
Charity	Jótékonyság
Children	Gyermekek
Community	Közösség
Contacts	Kapcsolatok
Donate	Adományoz
Finance	Pénzügy
Funds	Alapok
Generosity	Nagylelkűség
Goals	Célok
Groups	Csoportok
History	Történelem
Honesty	Őszinteség
Humanity	Emberiség
Mission	Küldetés
Need	Szükség
People	Emberek
Programs	Programok
Public	Nyilvános
Youth	Ifjúság

Physics
Fizika

Acceleration	Gyorsulás
Atom	Atom
Chaos	Káosz
Chemical	Kémiai
Density	Sűrűség
Electron	Elektron
Engine	Motor
Expansion	Terjeszkedés
Formula	Képlet
Frequency	Frekvencia
Gas	Gáz
Magnetism	Mágnesesség
Mass	Tömeg
Mechanics	Mechanika
Molecule	Molekula
Nuclear	Nukleáris
Particle	Részecske
Relativity	Relativitás
Universal	Egyetemes
Velocity	Sebesség

Plants
Növények

Bamboo	Bambusz
Bean	Bab
Berry	Bogyó
Botany	Botanika
Bush	Bokor
Cactus	Kaktusz
Fertilizer	Trágya
Flora	Növényvilág
Flower	Virág
Foliage	Lombozat
Forest	Erdő
Garden	Kert
Grass	Fű
Ivy	Borostyán
Moss	Moha
Petal	Szirom
Root	Gyökér
Stem	Szár
Tree	Fa
Vegetation	Növényzet

Professions #1
Foglalkozások #1

Ambassador	Nagykövet
Astronomer	Csillagász
Attorney	Ügyvéd
Banker	Bankár
Cartographer	Térképész
Coach	Edző
Dancer	Táncos
Doctor	Orvos
Editor	Szerkesztő
Firefighter	Tűzoltó
Geologist	Geológus
Hunter	Vadász
Jeweler	Ékszerész
Musician	Zenész
Nurse	Ápoló
Pianist	Zongorista
Psychologist	Pszichológus
Sailor	Tengerész
Tailor	Szabó
Veterinarian	Állatorvos

Professions #2
Foglalkozások #2

Astronaut	Űrhajós
Biologist	Biológus
Dentist	Fogorvos
Detective	Nyomozó
Engineer	Mérnök
Farmer	Gazda
Gardener	Kertész
Illustrator	Illusztrátor
Inventor	Feltaláló
Journalist	Újságíró
Librarian	Könyvtáros
Linguist	Nyelvész
Painter	Festő
Philosopher	Filozófus
Photographer	Fotós
Physician	Orvos
Pilot	Pilóta
Surgeon	Sebész
Teacher	Tanár
Zoologist	Zoológus

Psychology
Pszichológia

Assessment	Értékelés
Behavior	Viselkedés
Childhood	Gyermekkor
Clinical	Klinikai
Cognition	Megismerés
Conflict	Konfliktus
Dreams	Álmok
Ego	Én
Emotions	Érzelmek
Experiences	Tapasztalatok
Ideas	Ötletek
Perception	Észlelés
Personality	Személyiség
Problem	Probléma
Reality	Valóság
Sensation	Szenzáció
Subconscious	Tudatalatti
Therapy	Terápia
Thoughts	Gondolatok
Unconscious	Eszméletlen

Restaurant #1
Étterem #1

Allergy	Allergia
Bowl	Tál
Bread	Kenyér
Cashier	Pénztáros
Chicken	Csirke
Coffee	Kávé
Dessert	Desszert
Food	Élelmiszer
Ingredients	Összetevők
Kitchen	Konyha
Knife	Kés
Meat	Hús
Menu	Menü
Napkin	Szalvéta
Plate	Tányér
Reservation	Foglalás
Sauce	Szósz
Spicy	Fűszeres
To Eat	Enni
Waitress	Pincérnő

Restaurant #2
Étterem #2

Beverage	Ital
Cake	Torta
Chair	Szék
Delicious	Finom
Dinner	Vacsora
Eggs	Tojás
Fish	Hal
Fork	Villa
Fruit	Gyümölcs
Ice	Jég
Lunch	Ebéd
Noodles	Tészta
Salad	Saláta
Salt	Só
Soup	Leves
Spices	Fűszerek
Spoon	Kanál
Vegetables	Zöldségek
Waiter	Pincér
Water	Víz

Science
Tudomány

Atom	Atom
Chemical	Kémiai
Climate	Éghajlat
Data	Adat
Evolution	Evolúció
Experiment	Kísérlet
Fact	Tény
Fossil	Fosszilis
Gravity	Gravitáció
Hypothesis	Hipotézis
Laboratory	Laboratórium
Method	Módszer
Molecules	Molekulák
Nature	Természet
Observation	Megfigyelés
Organism	Szervezet
Particles	Részecskék
Physics	Fizika
Plants	Növények
Scientist	Tudós

Science Fiction
Sci-Fi

Atomic	Atomi
Books	Könyvek
Chemicals	Vegyszerek
Cinema	Mozi
Dystopia	Dystopia
Explosion	Robbanás
Extreme	Szélsőséges
Fantastic	Fantasztikus
Fire	Tűz
Futuristic	Futurisztikus
Galaxy	Galaxis
Illusion	Illúzió
Imaginary	Képzeletbeli
Mysterious	Rejtélyes
Oracle	Jóslat
Planet	Bolygó
Robots	Robotok
Technology	Technológia
Utopia	Utópia
World	Világ

Scientific Disciplines
Tudományos Tudományágak

Anatomy	Anatómia
Archaeology	Régészet
Astronomy	Csillagászat
Biochemistry	Biokémia
Biology	Biológia
Botany	Botanika
Chemistry	Kémia
Ecology	Ökológia
Geology	Geológia
Immunology	Immunológia
Kinesiology	Kineziológia
Linguistics	Nyelvészet
Mechanics	Mechanika
Mineralogy	Ásványtan
Neurology	Neurológia
Physiology	Fiziológia
Psychology	Pszichológia
Sociology	Szociológia
Thermodynamics	Termodinamika
Zoology	Állattan

Shapes
Alakzatok

Arc	Ív
Circle	Kör
Cone	Kúp
Corner	Sarok
Cube	Kocka
Cylinder	Henger
Edges	Élek
Ellipse	Ellipszis
Hyperbola	Hiperbola
Line	Vonal
Oval	Ovális
Polygon	Poligon
Prism	Prizma
Pyramid	Piramis
Rectangle	Téglalap
Round	Kerek
Side	Oldal
Sphere	Gömb
Square	Négyzet
Triangle	Háromszög

Spices
Fűszerek

Anise	Ánizs
Bitter	Keserű
Cardamom	Kardamom
Cinnamon	Fahéj
Clove	Szegfűszeg
Coriander	Koriander
Cumin	Kömény
Curry	Curry
Fennel	Édeskömény
Fenugreek	Görögszéna
Flavor	Íz
Garlic	Fokhagyma
Ginger	Gyömbér
Nutmeg	Szerecsendió
Onion	Hagyma
Paprika	Paprika
Saffron	Sáfrány
Salt	Só
Sweet	Édes
Vanilla	Vanília

Sport
Sport

Ability	Képesség
Athlete	Atléta
Body	Test
Bones	Csontok
Coach	Edző
Cycling	Kerékpározás
Dancing	Tánc
Diet	Diéta
Endurance	Kitartás
Health	Egészség
Jogging	Kocogás
Maximize	Maximalizálás
Metabolic	Metabolikus
Muscles	Izmok
Nutrition	Táplálkozás
Program	Program
Sports	Sport
Strength	Erő
To Breathe	Lélegezni
To Swim	Úszni

Technology
Technológia

Blog	Blog
Browser	Böngésző
Bytes	Bájt
Camera	Kamera
Computer	Számítógép
Cursor	Kurzor
Data	Adat
Digital	Digitális
Display	Kijelző
File	Fájl
Font	Betűtípus
Internet	Internet
Message	Üzenet
Research	Kutatás
Screen	Képernyő
Security	Biztonság
Software	Szoftver
Statistics	Statisztika
Virtual	Virtuális
Virus	Vírus

The Company
A Cég

Business	Üzleti
Creative	Kreatív
Decision	Döntés
Global	Globális
Industry	Ipar
Innovative	Innovatív
Investment	Beruházás
Possibility	Lehetőség
Presentation	Bemutatás
Product	Termék
Professional	Szakmai
Progress	Haladás
Quality	Minőség
Reputation	Hírnév
Resources	Források
Revenue	Bevétel
Risks	Kockázatok
To Generate	Generálni
Trends	Trendek
Units	Egységek

The Media
A Média

Advertisements	Hirdetések
Attitudes	Attitűdök
Commercial	Kereskedelmi
Communication	Kommunikáció
Digital	Digitális
Edition	Kiadás
Education	Oktatás
Facts	Tények
Funding	Finanszírozás
Images	Képek
Individual	Egyéni
Industry	Ipar
Intellectual	Szellemi
Local	Helyi
Network	Hálózat
Newspapers	Újságok
Online	Online
Opinion	Vélemény
Public	Nyilvános
Radio	Rádió

Time
Idő

Annual	Éves
Before	Előtt
Calendar	Naptár
Century	Század
Day	Nap
Decade	Évtized
Early	Korai
Future	Jövő
Hour	Óra
Minute	Perc
Month	Hónap
Morning	Reggel
Night	Éjszaka
Noon	Dél
Now	Most
Soon	Hamar
Today	Ma
Week	Hét
Year	Év
Yesterday	Tegnap

To Fill
Töltse Ki

Bag	Táska
Barrel	Hordó
Basket	Kosár
Bottle	Üveg
Box	Doboz
Bucket	Vödör
Carton	Karton
Crate	Láda
Drawer	Fiók
Envelope	Boríték
Folder	Mappa
Jar	Korsó
Packet	Csomag
Pocket	Zseb
Suitcase	Bőrönd
Tray	Tálca
Tub	Kád
Tube	Cső
Vase	Váza
Vessel	Hajó

Town
Város

Airport	Repülőtér
Bakery	Pékség
Bank	Bank
Bookstore	Könyvesbolt
Cinema	Mozi
Clinic	Klinika
Florist	Virágárus
Gallery	Galéria
Hotel	Szálloda
Library	Könyvtár
Market	Piac
Museum	Múzeum
Pharmacy	Gyógyszertár
School	Iskola
Stadium	Stadion
Store	Bolt
Supermarket	Szupermarket
Theater	Színház
University	Egyetem
Zoo	Állatkert

Universe
Világegyetem

Asteroid	Aszteroida
Astronomer	Csillagász
Astronomy	Csillagászat
Atmosphere	Légkör
Celestial	Égi
Cosmic	Kozmikus
Darkness	Sötétség
Eon	Eon
Galaxy	Galaxis
Hemisphere	Félteke
Horizon	Horizont
Latitude	Szélesség
Moon	Hold
Orbit	Pálya
Sky	Ég
Solar	Nap
Solstice	Napforduló
Telescope	Távcső
Visible	Látható
Zodiac	Állatöv

Congratulations

You made it!

We hope you enjoyed this book as much as we enjoyed making it. We do our best to make high quality games.
These puzzles are designed in a clever way for you to learn actively while having fun!

Did you love them?

A Simple Request

Our books exist thanks your reviews. Could you help us by leaving one now?

Here is a short link which will take you to your order review page:

BestBooksActivity.com/Review50

MONSTER CHALLENGE!

Challenge #1

Ready for Your Bonus Game? We use them all the time but they are not so easy to find. Here are **Synonyms**!

Note 5 words you discovered in each of the Puzzles noted below (#21, #36, #76) and try to find 2 synonyms for each word.

Note 5 Words from *Puzzle 21*

Words	Synonym 1	Synonym 2

Note 5 Words from *Puzzle 36*

Words	Synonym 1	Synonym 2

Note 5 Words from *Puzzle 76*

Words	Synonym 1	Synonym 2

Challenge #2

Now that you are warmed-up, note 5 words you discovered in each Puzzle noted below (#9, #17, #25) and try to find 2 antonyms for each word. How many lines can you do in 20 minutes?

Note 5 Words from **Puzzle 9**

Words	Antonym 1	Antonym 2

Note 5 Words from **Puzzle 17**

Words	Antonym 1	Antonym 2

Note 5 Words from **Puzzle 25**

Words	Antonym 1	Antonym 2

Challenge #3

Wonderful, this monster challenge is nothing to you!

Ready for the last one? Choose your 10 favorite words discovered in any of the Puzzles and note them below.

1.	6.
2.	7.
3.	8.
4.	9.
5.	10.

Now, using these words and within a maximum of six sentences, your challenge is to compose a text about a person, animal or place that you love!

Tip: You can use the last blank page of this book as a draft!

Your Writing:

Explore a Unique Store
Set Up **FOR YOU!**

MEGA DEALS

BestActivityBooks.com/**TheStore**

Designed for Entertainment!

Light Up Your Brain With Unique **Gift Ideas**.

Access **Surprising** And **Essential Supplies!**

CHECK OUT OUR MONTHLY SELECTION NOW!

- Expertly Crafted Products -

NOTEBOOK:

SEE YOU SOON!

Linguas Classics Team